더욱 새로워진 단계별 종합 일본어 학습 프로그램

일본어 STEP 2

더욱 새로워진 단계별 종합 일본어 학습 프로그램
NEW 우키우키 일본어 STEP 2

지은이 강경자
감수자 온즈카 치요(恩塚千代)
펴낸이 임상진
펴낸곳 (주)넥서스

초판 1쇄 발행 2005년 11월 20일
초판 13쇄 발행 2015년 10월 15일

2판 1쇄 발행 2016년 3월 25일
2판 11쇄 발행 2023년 10월 30일

3판 1쇄 인쇄 2025년 6월 10일
3판 1쇄 발행 2025년 6월 20일

출판신고 1992년 4월 3일 제311-2002-2호
주소 10880 경기도 파주시 지목로 5
전화 (02)330-5500 팩스 (02)330-5555

ISBN 979-11-94643-36-4 14730
(SET) 979-11-94643-34-0 14730

출판사의 허락 없이 내용의 일부를
인용하거나 발췌하는 것을 금합니다.
저자와의 협의에 따라서 인지는 붙이지 않습니다.

가격은 뒤표지에 있습니다.
잘못 만들어진 책은 구입처에서 바꾸어 드립니다.

www.nexusbook.com

더욱 새로워진 단계별 종합 일본어 학습 프로그램

NEW うきうき
우키 우키

일본어 STEP ②

강경자 지음·온즈카 치요 감수

넥서스 JAPANESE

첫머리에

어떻게 하면 쉽고 재미있게 일본어를 배울 수 있을까? 어떻게 하면 어디서든 인정받을 만한 완벽한 일본어 실력을 갖출 수 있을까? 현재 일본어를 배우고 있는 학습자나 앞으로 배우고자 하는 사람들에겐 영원한 숙제와도 같은 질문일 것입니다.

필자는 온·오프라인을 통해 오랫동안 일본어를 가르쳐 오면서 역시 이와 비슷한 의문을 가지고 있었습니다. 어떻게 하면 쉽고 재미있게 일본어를 가르쳐줄 수 있을까? 문법을 기초부터 탄탄하게 다져주면서 네이티브 같은 회화 감각을 길러주고, 게다가 어떤 표현도 자신있게 말할 수 있는 풍부한 어휘와 한자 실력까지 갖추도록 도와주고 싶은 마음이 간절하였습니다.

요즘은 예전에 비해서 좋은 교재들이 많이 출간되었고 여러 학원이나 학교에서 검증된 교재를 채택하여 사용하고 있지만, 막상 일본어를 학습하거나 가르치기 위해 좋은 책을 추천해 달라는 부탁을 받으면 고민하게 되는 것이 사실입니다. 왜냐하면 나름대로의 장점을 가지고 있는 일본어 교재는 많이 있지만, 완벽하게 일본어 학습상의 필요를 충족시켜 주는 체계적인 교재는 별로 없기 때문입니다.

일본어는 한국어와 여러 면에서 비슷한 언어 특성상 다른 언어에 비해 보다 쉽게 배울 수 있음에도, 효과적으로 일본어를 배우거나 가르칠 수 있는 교재는 많지 않았습니다. 예를 들어 회화는 연습이 중요한데, 간단한 문형 연습이 있는 교재는 많아도 기초 문법을 활용하여 실제 회화 연습을 할 수 있는 교재는 거의 없었습니다. 또한 일본어 학습자들이 가장 어려워하는 한자의 경우, 한자를 차근차근 익힐 수 있도록 한 교재는 참 드물었습니다. 더구나 요즘에는 쉽고 편한 길을 좋아하는 사람들의 심리를 이용하여 몇 마디 표현만 그때그때 익히도록 하는 흥미 위주의 교재도 눈에 많이 띄었습니다.

이러한 현실 속에서 조금이나마 일본어 학습과 교육에 도움이 되고자 하는 바람에서 이 책을 쓰게 되었습니다. 교재가 완성되어 가는 과정을 보면서 역시 부족한 점이 눈에 띄고 아쉬움이 많이 남지만, 기초 문법을 탄탄히 다지면서 실전 회화 감각을 익힐 수 있는 학습자들을 배려한 최고의 교재임을 자부합니다.

아무쪼록 이 교재가 일본어를 가르치거나 배우는 모든 분들에게 참으로 유익한 책이 되길 간절히 바라며, 끝으로 이 책이 출판되기까지 애써 주신 넥서스저패니즈의 여러 관계자 분들께 감사드립니다.

강경자

 추천의 글

본 『우키우키 일본어』 시리즈는 주로 일본어 학원에서 쓰일 것을 염두에 두고 만들어졌으며, 등장인물은 회사원으로 설정되어 있다. 따라서, 각 과의 회화문은 대학 수업용으로 만들어진 교과서에 자주 나오는 학생과 학교 활동이 중심이 된 회화가 아닌, 일반적이고 보편적인 내용으로 구성되어 있다. 그래서 회사원은 물론이고 학생, 주부에 이르기까지 일본어를 처음 배우는 사람이 실제로 쓸 수 있는 표현을 단시간에 몸에 익힐 수 있도록 되어 있다.

본 교재는 기본적으로는 문형과 표현을 중심으로 명사문, 형용사문(い형용사·な형용사), 동사문과 기초 문법에 따라 차례대로 학습해 가도록 구성되어 있고, 각 과별로 다양한 장면을 설정한 연습문제와 FUN&TALK라는 자유로운 형식의 회화 연습문제도 있다. 즉, 일방적인 전달식 강의용 교재가 아니라 적극적으로 회화에 참가할 수 있도록 배려하여 강사의 교재 활용에 따라 수업 활동을 더욱 활발하게 전개시킬 수 있을 것이다.

또한, 본 교재의 특징으로 회화 안에서 사용되고 있는 어휘가 실제로 일본에서 쓰이고 있는 일상용어라는 점에 주목하고 싶다. 원래 교과서에서는 '휴대전화(携帯電話)'나 '스마트폰(スマートフォン)'과 같은 생략되지 않은 사전 표제어 같은 형태가 제시되는 것이 기본이지만, 본 교재는 학습자가 일본인이 실제로 회화에서 쓰는 말을 알고 싶어하는 요구를 반영하여 'ケータイ', 'スマホ'와 같은 준말 형태의 외래어(가타카나어)를 제시하였다.

이 교재만의 두드러지는 특징 가운데 또 하나는 일본어 초급 교재에서는 잘 볼 수 없는 한자와 외래어(가타카나어) 쓰기 연습이 제공되고 있다는 점이다. 한국어를 모국어로 하는 학습자는 비교적 일본어 학습 능력이 뛰어나다고 할 수 있으나 한자나 가타카나 표기가 서투르거나 잘 모르는 경우가 많다. 수업 중에 짬짬이 이러한 표기법이나 한자의 의미 등을 접할 기회를 고려하고 있는 점이 본 교재의 새롭고 뛰어난 점이라고 말할 수 있을 것이다.

덧붙여, 각 과마다 재미있는 삽화를 넣어 학습자가 학습 내용을 보다 쉽게 이해하고, 학습 의욕을 불러일으킬 수 있도록 하였다.

이처럼 다양한 학습상의 배려가 돋보이는 교재라는 점을 고려하여 많은 학원과 학교에서 쓰이기를 권한다.

恩塚 千代

구성과 특징

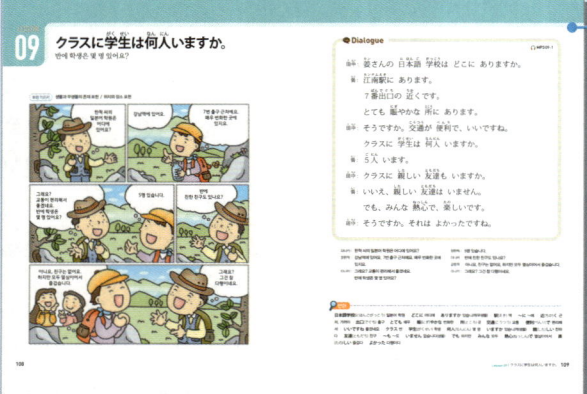

Dialogue
일상생활에서 흔히 접할 수 있는 주제를 중심으로 한 실제 회화로 이루어져 있습니다. 이 본문 회화에는 우리가 반드시 알아야 할 기초 문법과 어휘가 들어있어서 자연스럽게 어휘, 문법, 회화를 동시에 익힐 수 있습니다. 무엇보다 처음 접하는 본문의 어려움을 최소화하기 위해서 본문 내용을 만화로 보여줌으로써 보다 재미있고 쉽게 공부할 수 있도록 배려하였습니다.

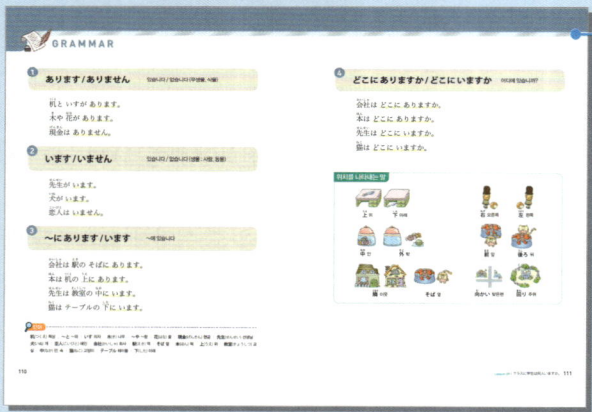

Grammar
문법과 문형 파트에선 Dialogue에 나온 기초 문법을 보다 더 체계적이고 꼼꼼하게 학습할 수 있도록 예문을 제시하되 중요 문법인 경우 각 품사별 문형을 보여줌으로써 정확한 문법의 이해를 돕고 있습니다. 새로운 단어의 경우 어휘 풀이를 넣어 스스로 예문을 해석할 수 있도록 하였습니다.

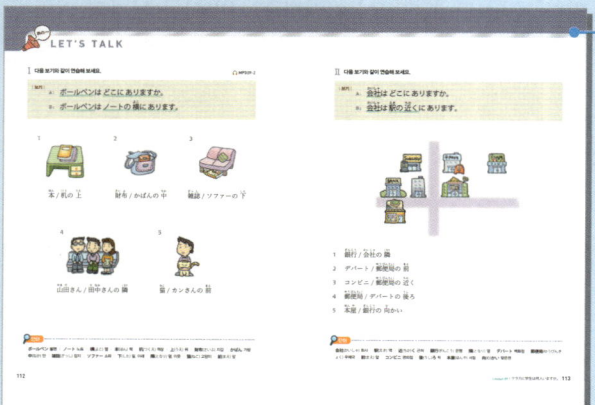

Let's Talk
이 교재의 가장 큰 특징 중의 하나는 본문과 문법 파트를 통해 익힌 문법과 회화 감각을 최대한 길러 주는 회화 연습이 풍부하다는 것입니다. 대부분의 일본어 기초 교재가 단순한 문형 연습에 그친 것에 반해 이 책의 회화 연습 코너는 쉽고 재미있는 문제를 풍부하게 제공하고 있어 단시간에 문법과 회화를 자신의 것으로 만들 수 있는 장점이 있습니다. 또한 연습 문제를 청취 연습으로도 활용할 수 있게 함으로써 소홀해지기 쉬운 청취 부분을 더욱 강화하였습니다. 이를 통해 말하고 듣는 훈련 과정을 최대한 쉽게 소화해 낼 수 있도록 하였습니다.

うきうき
우키우키 일본어

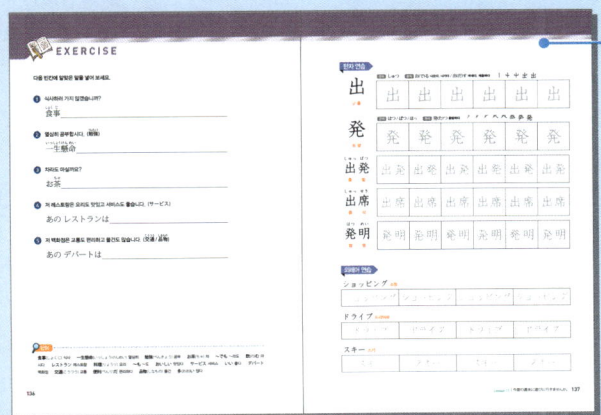

Exercise

각 과마다 작문 문제를 5개씩 담았습니다. 각 과에서 학습한 주요 문법을 활용하여 기초적인 표현을 다시 짚어 봄으로써 읽고 말하고 듣고 쓸 수 있는 능력을 기를 수 있도록 하였습니다.

일본어 한자의 음독·훈독을 확인하고 쓰기 연습을 함으로써, 한자에 대한 기초 실력을 처음부터 탄탄히 쌓아갈 수 있도록 하였습니다. 난이도는 일본어능력시험 N3~N4 정도의 수준을 기준으로 하여 시험에도 자주 출제되는 중요하고 기초적인 한자입니다.

외래어 역시 최근에 들어서는 그 중요성이 더욱 강조되고 있는 만큼 1과~9과까지는 3개씩, 10과~18과까지는 2개씩 수록하여 외래어를 확실하게 익힐 수 있습니다.

Fun & Talk

마지막 파트에는 게임처럼 즐기며 자유롭게 회화를 할 수 있는 코너입니다. 이는 일반적으로 한인 회화 연습 시간에 사용되는 게임식 회화 자료로서, 기초 문법과 회화 연습을 마친 학습자의 경우 충분히 활용해 볼 수 있는 코너입니다. 이 코너를 통해 상황에 맞는 유창한 일본어 회화 실력을 재미있게 키워 나갈 수 있을 것입니다.

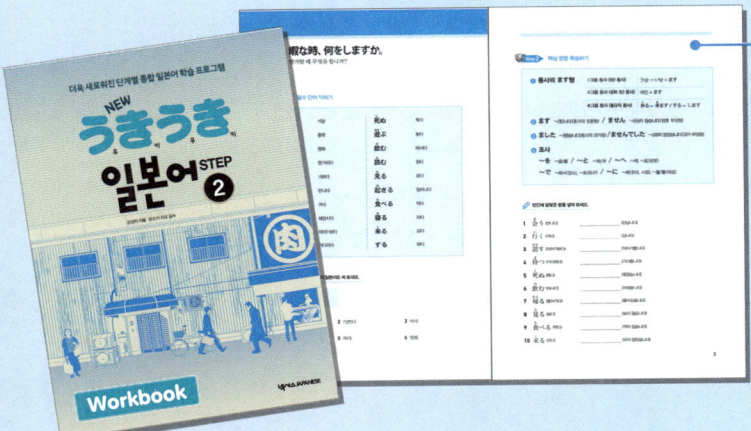

Workbook

각 Lesson에서 배운 단어, 문법, 회화 표현을 확인할 수 있도록 워크북을 별책으로 제공합니다. 문제를 풀면서 실력을 확인해 보세요.

차례

LESSON 01 暇な時、何をしますか。 한가할 때 무엇을 합니까? … 10
동사의 종류 | 동사의 ます형: ～ます・～ません・～ました・～ませんでした | 동사와 자주 쓰이는 조사

LESSON 02 今度の週末に遊びに行きませんか。 이번 주말에 놀러 가지 않을래요? … 22
목적 표현 | ～し | 권유 표현

LESSON 03 おいしい冷麺が食べたいです。 맛있는 냉면을 먹고 싶어요. … 32
희망 표현: ～たい・～たくない・～がほしい・～になりたい | 변화에 대한 희망 표현

LESSON 04 地下鉄駅まで歩いて行きます。 지하철역까지 걸어서 갑니다. … 42
～て | ～てください | ～ながら | 동사의 て형

LESSON 05 山田さんはアマゾンを知っていますか。 야마다 씨는 아마존을 아세요? … 52
～ています | ～ている+명사

LESSON 06 妹さんは田中さんに似ていますか。 여동생은 다나카 씨를 닮았나요? … 62
何人兄弟ですか | おいくつですか | ～に似ている | 結婚している

LESSON 07 日本に行ったことがありますか。 일본에 간 적이 있나요? … 72
～た | ～たことがある | ～んです | 동사의 과거형(た형) | 형용사의 과거형

LESSON 08 あまり詳しく聞かないでください。 너무 자세하게 묻지 마세요. … 84
～ない | ～ないでください | ～中ですから | 동사의 부정형(ない형) | 각 품사의 부정형(ない형)

LESSON 09 会社を辞めないほうがいいですよ。 회사를 그만두지 않는 편이 좋아요. … 94
～ないほうがいい | ～と思います | ～たほうがいい | ～てしまう[ちゃう]/～でしまう[じゃう]

해석 및 정답 … 106

더욱 새로워진 단계별 종합 일본어 학습 프로그램

NEW うきうき
우키 우키

일본어

LESSON 01

暇な時、何をしますか。
한가할 때 무엇을 합니까?

💬 Dialogue

🎧 MP3 01-1

田中：姜さんは　暇な　時、何を　しますか。

姜：そうですね。普通　家で　インターネットゲームを　します。
　　また　時々　チムジルバンへ　行きます。

田中：チムジルバン？

姜：はい、韓国式サウナです。
　　チムジルバンには　いろいろな　種類の　サウナ室、
　　食堂、パソコンルームなどが　あります。
　　チムジルバンで　映画も　見ますよ。

田中：わあ〜、すごいですね。

姜：田中さんも　今度　いっしょに　行きますか。

田中：はい、ぜひ。本当に　嬉しいです。

다나카 : 한척 씨는 한가할 때 무엇을 합니까?
강한척 : 글쎄요. 보통은 집에서 인터넷 게임을 해요.
　　　　 또 가끔 찜질방에 갑니다.
다나카 : 찜질방?
강한척 : 네, 한국식 사우나입니다.
　　　　 찜질방에는 여러 가지 종류의 사우나실, 식당, 컴퓨터실이 있어요.
　　　　 찜질방에서 영화도 봐요.

다나카 : 와~, 굉장하네요.
강한척 : 다나카 씨도 다음에 같이 갈래요?
다나카 : 네, 꼭이요. 정말 기쁩니다.

🔍 단어

暇(ひま)**だ** 한가하다 | **時**(とき) 때 | **普通**(ふつう) 보통 | **家**(いえ)**で** 집에서 | **インターネットゲーム** 인터넷 게임 | **〜を** 〜을/를 | **する** 하다 | **また** 또 | **時々**(ときどき) 때때로 | **チムジルバン** 찜질방 | **〜へ** 〜으로, 〜에(방향) | **行**(い)**く** 가다 | **韓国式**(かんこくしき) 한국식 | **サウナ** 사우나 | **〜には** 〜에는 | **いろいろな** 여러 가지 | **種類**(しゅるい) 종류 | **サウナ室**(しつ) 사우나실 | **食堂**(しょくどう) 식당 | **パソコンルーム** 컴퓨터실 | **〜など** 〜등 | **映画**(えいが) 영화 | **〜も** 〜도 | **見**(み)**る** 보다 | **すごい** 굉장하다 | **今度**(こんど) 이번에, 다음에 | **いっしょに** 함께 | **ぜひ** 부디, 꼭 | **本当**(ほんとう)**に** 정말 | **嬉**(うれ)**しい** 기쁘다

GRAMMAR

1 동사의 종류

1. Ⅰ그룹 동사 (5단 동사)

❶ 동사의 어미가 う, く, ぐ, す, つ, ぬ, ぶ, む로 끝나는 동사

会^あう 만나다   行^いく 가다   泳^{およ}ぐ 헤엄치다
話^{はな}す 이야기하다   待^まつ 기다리다
死^しぬ 죽다   遊^{あそ}ぶ 놀다   飲^のむ 마시다

❷ 어미가 る로 끝나는 동사 중 어간 끝모음이 [a], [u], [o]인 동사
(あ단, う단, お단＋る)

ある 있다   降^ふる (눈, 비가) 내리다   乗^のる 타다

❸ 예외 Ⅰ그룹 동사

入^{はい}る 들어가다, 들어오다   帰^{かえ}る 돌아가다, 돌아오다   知^しる 알다   切^きる 자르다

2. Ⅱ그룹 동사 (상하1단 동사)

る로 끝나는 동사 중 동사의 어간의 끝모음이 [i], [e]인 동사

見^みる 보다   起^おきる 일어나다
食^たべる 먹다   寝^ねる 자다

3. Ⅲ그룹 동사 (불규칙 동사 / 변격 동사)

来^くる 오다   する 하다

❷ 동사의 ます형

Ⅰ그룹 동사 (5단 동사)	어미 う단 → い단 + ます	会う 만나다 行く 가다 泳ぐ 헤엄치다 話す 이야기하다 待つ 기다리다 死ぬ 죽다 遊ぶ 놀다 飲む 마시다 ある 있다 降る 내리다 もどる 되돌아가다	➡ 会い ➡ 行き ➡ 泳ぎ ➡ 話し ➡ 待ち ➡ 死に ➡ 遊び ➡ 飲み ➡ あり ➡ 降り ➡ もどり	+ ます + ます + ます + ます + ます + ます + ます + ます + ます + ます + ます	会います 만납니다 行きます 갑니다 泳ぎます 헤엄칩니다 話します 이야기합니다 待ちます 기다립니다 死にます 죽습니다 遊びます 놉니다 飲みます 마십니다 あります 있습니다 降ります 내립니다 もどります 되돌아갑니다
	예외	入る 들어가다 帰る 돌아가다	➡ 入り ➡ 帰り	+ ます + ます	入ります 들어갑니다 帰ります 돌아갑니다
Ⅱ그룹 동사 (상하1단 동사)	어간 + ます	見る 보다 起きる 일어나다 食べる 먹다 寝る 자다	➡ 見 ➡ 起き ➡ 食べ ➡ 寝	+ ます + ます + ます + ます	見ます 봅니다 起きます 일어납니다 食べます 먹습니다 寝ます 잡니다
Ⅲ그룹 동사 (불규칙 동사)		来る 오다 する 하다	➡ ➡	+ ます + ます	来ます 옵니다 します 합니다

GRAMMAR

③ 〜ます　　　　　　　　　〜(합)니다 (동사의 정중형)

会社(かいしゃ)へ 行(い)きます。
ご飯(はん)を 食(た)べます。
勉強(べんきょう)を します。

④ 〜ません　　　　　　　　〜(하)지 않습니다 (ます 부정형)

会社(かいしゃ)へ 行(い)きません。
ご飯(はん)を 食(た)べません。
勉強(べんきょう)を しません。

⑤ 〜ました　　　　　　　　〜(했)습니다 (ます 과거형)

友達(ともだち)に 会(あ)いました。
映画(えいが)を 見(み)ました。
デートを しました。

🔍 **단어**

会社(かいしゃ) 회사 | **〜へ** 〜으로, 〜에(방향) | **行**(い)く 가다 | **ご飯**(はん) 밥 | **食**(た)べる 먹다 | **勉強**(べんきょう) 공부 | **する** 하다 | **友達**(ともだち) 친구 | **〜に 会**(あ)う 〜을/를 만나다 | **映画**(えいが) 영화 | **見**(み)る 보다 | **デート** 데이트

6 ～ませんでした　　　　　　～(하)지 않았습니다 (ません 과거형)

友達に 会いませんでした。
映画を 見ませんでした。
デートを しませんでした。

7 동사와 자주 쓰이는 조사

① ～を　～을/를
新聞を 読みます。

② ～と　～와/과
友達と 遊びます。

③ ～へ　～에, ～로 (방향)
学校へ 行きます。

④ ～で　～에서 (장소) / ～로 (도구)
海で 泳ぎます。
ボールペンで 書きます。

⑤ ～に　～에 (위치, 시점) / ～을/를
朝 6時に 起きます。
友達に 会います。

新聞(しんぶん) 신문 | 読(よ)む 읽다 | 遊(あそ)ぶ 놀다 | 学校(がっこう) 학교 | 海(うみ) 바다 | 泳(およ)ぐ 헤엄치다 | 朝(あさ) 아침

LET'S TALK

Ⅰ 다음 보기와 같이 연습해 보세요. 🎧 MP3 01-2

| 보기 |
| A: 朝ごはんを 食べますか。
| B: はい、食べます。
|　　 いいえ、食べません。

1　学校に 行く / はい

2　コーヒーを 飲む / いいえ

3　日本語で 話す / はい

4　朝早く 起きる / いいえ

5　運転を する / はい

🔍 **단어**

朝(あさ)ごはん 아침밥 | 食(た)べる 먹다 | 学校(がっこう) 학교 | 行(い)く 가다 | コーヒー 커피 | 飲(の)む 마시다 | 日本語(にほんご)で 일본어로 | 話(はな)す 이야기하다 | 朝早(あさはや)く 아침 일찍 | 起(お)きる 일어나다 | 運転(うんてん) 운전

Ⅱ 다음 보기와 같이 연습해 보세요.

> |보기|
> A: 昨日 友達に 会いましたか。
> B: はい、会いました。
> いいえ、会いませんでした。

1　早く 家に 帰る / はい

2　飲み屋へ 行く / いいえ

3　映画を 見る / はい

4　デートを する / はい

5　友達は 来る / いいえ

昨日(きのう) 어제 | 友達(ともだち) 친구 | 会(あ)う 만나다 | 早(はや)く 빨리 | 家(いえ) 집 | 帰(かえ)る 돌아가다 | 飲(の)み屋(や) 술집 | 行(い)く 가다 | 映画(えいが) 영화 | 見(み)る 보다 | デート 데이트 | 来(く)る 오다

EXERCISE

다음 빈칸에 알맞은 말을 넣어 보세요.

1 일본에 갑니다. (行く)
日本に _____

2 일본어로 이야기합니다. (話す)
日本語で _____

3 술은 마시지 않습니다. (飲む)
お酒は _____

4 친구를 만났습니다. (会う)
友達に _____

5 공부를 하지 않았습니다. (する)
勉強を _____

단어

日本(にほん) 일본 | 行(い)く 가다 | 日本語(にほんご) 일본어 | 話(はな)す 이야기하다 | お酒(さけ) 술 | 飲(の)む 마시다 | 友達(ともだち) 친구 | 会(あ)う 만나다 | 勉強(べんきょう) 공부 | する 하다

한자 연습

新 새로울 신
- 음독: しん
- 훈독: 新(あたら)しい 새롭다
- 획순: 丶 亠 ㇏ 立 辛 辛 新 新 新

聞 들을 문
- 음독: ぶん / もん
- 훈독: 聞(き)く 듣다
- 획순: 丨 冂 冂 冂 門 門 門 門 門 聞 聞

新聞 (しんぶん) 신문

新鮮 (しんせん) 신선

見聞 (けんぶん) 견문

외래어 연습

インターネット 인터넷

サウナ 사우나

デート 데이트

FUN & TALK

다음은 일상생활에서 쓰는 동사 표현입니다.

7時に 起きる
7시에 일어나다

ご飯を 食べる
밥을 먹다

11時に 寝る
11시에 자다

学校へ 行く
학교에 가다

会社に 来る
회사에 오다

手紙を 書く
편지를 쓰다

音楽を 聞く
음악을 듣다

家に 帰る
집에 돌아가다

電車に 乗る
전철을 타다

料理を 作る
요리를 만들다

映画を 見る
영화를 보다

勉強を する
공부를 하다

友達に 会う
친구를 만나다

友達と 遊ぶ
친구와 놀다

タクシーを 呼ぶ
택시를 부르다

本を 読む
책을 읽다

タバコを 吸う
담배를 피우다

かばんを 買う
가방을 사다

ジュースを 飲む
주스를 마시다

LESSON 02

今度の週末に遊びに行きませんか。
이번 주말에 놀러 가지 않을래요?

💬 Dialogue

🎧 MP3 02-1

姜: 今度の 週末に 遊びに 行きませんか。

田中: いいですね。どこに 行きましょうか。

姜: トンヘは どうですか。
景色も いいし、新鮮な 刺身も おいしいし。

田中: 新鮮な 刺身! いいですね。
じゃ、気軽に 日帰り旅行に 行きましょうか。

姜: いいですね。
じゃ、土曜日の 朝早く 出発しましょう。

田中: 決まり! そうしましょう。

강한척: 이번 주말에 놀러 가지 않을래요?
다나카: 좋아요. 어디에 갈까요?
강한척: 동해는 어때요?
　　　　경치도 좋고 신선한 회도 맛있고.
다나카: 신선한 회! 좋아요.
　　　　그럼, 가볍게 당일치기 여행으로 갈까요?
강한척: 좋죠.
　　　　그럼, 토요일 아침 일찍 출발하죠.
다나카: 결정! 그렇게 합시다.

🔍 단어

今度(こんど) 이번 | **週末**(しゅうまつ) 주말 | **遊**(あそ)**びに** 놀러 | **どこに** 어디에 | **トンヘ** 동해 | **どうですか** 어떻습니까? | **景色**(けしき) 경치 | **~も** ~도 | **いい** 좋다 | **~し** ~(하)고(나열) | **新鮮**(しんせん)**だ** 신선하다 | **刺身**(さしみ) 회 | **おいしい** 맛있다 | **いいですね** 좋죠, 좋군요 | **気軽**(きがる)**に** 가볍게 | **日帰**(ひがえ)**り旅行**(りょこう) 당일치기 여행 | **朝早**(あさはや)**く** 아침 일찍 | **出発**(しゅっぱつ)**する** 출발하다 | **決**(き)**まり** 결정 | **そうしましょう** 그렇게 합시다

GRAMMAR

1 목적 표현

1. 명사 + ～に   ～하러

食事に 行きます。
ドライブに 行きます。
スキーに 行きます。

2. 동사의 ます형 + ～に   ～하러

泳ぎに 行きます。
遊びに 来ます。
会いに 行きます。

2 ～し   ～(하)고 (나열)

彼は ハンサムだし、頭も いいです。
お金も ないし、時間も ないです。
あの 店は 安くて おいしいし、雰囲気も いいです。

🔍 **단어**

食事(しょくじ) 식사 | 行(い)く 가다 | ドライブ 드라이브 | スキー 스키 | 泳(およ)ぐ 헤엄치다 | 遊(あそ)ぶ 놀다 | ハンサムだ 잘생기다 | 頭(あたま) 머리 | お金(かね) 돈 | ない 없다 | 時間(じかん) 시간 | 安(やす)い 싸다 | 雰囲気(ふんいき) 분위기

③ 권유 표현

1. ~ませんか   ~하지 않겠습니까?

ちょっと お茶でも 飲みませんか。

いっしょに 散歩でも しませんか。

少し 休みませんか。

2. ~に 行きませんか   ~하러 가지 않겠습니까?

ドライブに 行きませんか。

お酒を 飲みに 行きませんか。

遊びに 行きませんか。

3. ~ましょう   ~합시다

ちょっと 休みましょう。

いっしょに 遊びましょう。

一生懸命 勉強しましょう。

4. ~ましょうか   ~할까요?

ちょっと 休みましょうか。

いっしょに 遊びましょうか。

コーヒーでも 飲みましょうか。

ちょっと 잠깐, 좀 | お茶(ちゃ) 차 | ~でも ~라도 | 飲(の)む 마시다 | いっしょに 함께 | 散歩(さんぽ) 산책 | 少(すこ)し 조금 | 休(やす)む 쉬다 | お酒(さけ) 술 | 一生懸命(いっしょうけんめい) 열심히 | 勉強(べんきょう)する 공부하다

LET'S TALK

Ⅰ 다음 보기와 같이 연습해 보세요.　　　　　　　　　　🎧 MP3 02-2

| 보기 |
A: 明日(あした) いっしょに 買(か)い物(もの)に 行(い)きませんか。
B: いいですね。では 明日(あした)。

1　スキーに 行(い)く

2　ドライブに 行(い)く

3　映画(えいが)を 見(み)に 行(い)く

4　お酒(さけ)を 飲(の)みに 行(い)く

5　泳(およ)ぎに 行(い)く

🔍 **단어**

明日(あした) 내일 | **いっしょに** 같이, 함께 | **買**(か)**い物**(もの) 쇼핑 | **では** 그럼 | **スキー** 스키 | **ドライブ** 드라이브 | **映画**(えいが) 영화 | **お酒**(さけ) 술 | **飲**(の)**む** 마시다 | **泳**(およ)**ぐ** 수영하다

Ⅱ 다음 보기와 같이 연습해 보세요.

> |보기|
> A: どこか ドライブに 行きましょうか。
> B: いいですね。じゃ、漢江(ハンガン)へ 行きましょう。

1 A: 何(なに)か 飲(の)みましょうか。
　B: _____

ビールを 飲(の)む

2 A: 何(なに)か 食(た)べましょうか。
　B: _____

おすしを 食(た)べる

3 A: どこか ショッピングに 行(い)きましょうか。
　B: _____

明洞(ミョンドン)へ 行(い)く

4 A: どこか 遊(あそ)びに 行(い)きましょうか。
　B: _____

ロッテワールドに 行(い)く

🔍 **단어**

どこか 어딘가 | 何(なに)か 뭔가 | ビール 맥주 | 食(た)べる 먹다 | おすし 초밥 | ショッピング 쇼핑 | 遊(あそ)ぶ 놀다

EXERCISE

다음 빈칸에 알맞은 말을 넣어 보세요.

1 식사하러 가지 않겠습니까?

食事_____

2 열심히 공부합시다. (勉強)

一生懸命_____

3 차라도 마실까요?

お茶_____

4 저 레스토랑은 요리도 맛있고 서비스도 좋습니다. (サービス)

あの レストランは_____

5 저 백화점은 교통도 편리하고 물건도 많습니다. (交通 / 品物)

あの デパートは_____

食事(しょくじ) 식사 | **一生懸命**(いっしょうけんめい) 열심히 | **勉強**(べんきょう) 공부 | **お茶**(ちゃ) 차 | **〜でも 〜**라도 | **飲**(の)**む** 마시다 | **レストラン** 레스토랑 | **料理**(りょうり) 요리 | **〜も 〜**도 | **おいしい** 맛있다 | **サービス** 서비스 | **いい** 좋다 | **デパート** 백화점 | **交通**(こうつう) 교통 | **便利**(べんり)**だ** 편리하다 | **品物**(しなもの) 물건 | **多**(おお)**い** 많다

한자 연습

出 날 출
- 음독: しゅつ
- 훈독: 出(で)る 나오다, 나가다 / 出(だ)す 꺼내다, 제출하다
- 丨 十 屮 出 出

| 出 | 出 | 出 | 出 | 出 | 出 |

発 쏠 발
- 음독: はつ / ぱつ / ほつ
- 훈독: 発(た)つ 출발하다
- フ 了 パ ズ 癶 癶 発

| 発 | 発 | 発 | 発 | 発 | 発 |

出発 しゅっぱつ 출발

| 出発 | 出発 | 出発 | 出発 | 出発 | 出発 |

出席 しゅっせき 출석

| 出席 | 出席 | 出席 | 出席 | 出席 | 出席 |

発明 はつめい 발명

| 発明 | 発明 | 発明 | 発明 | 発明 | 発明 |

외래어 연습

ショッピング 쇼핑

| ショッピング | ショッピング | ショッピング | ショッピング |

ドライブ 드라이브

| ドライブ | ドライブ | ドライブ | ドライブ |

スキー 스키

| スキー | スキー | スキー | スキー |

Lesson 02 | 今度の週末に遊びに行きませんか。

FUN & TALK

여러분이라면 어떤 데이트 코스를 고르겠습니까?

 →

A いっしょに 海へ ドライブに 行きませんか。
함께 바다에 드라이브하러 가지 않을래요?

B そのあと おいしい さしみを 食べましょう。 그 뒤 맛있는 회를 먹읍시다.

A いっしょに 遊園地に 行きませんか。 함께 유원지에 가지 않을래요?

B そのあと ファミリーレストランで 食事を しましょう。
그 뒤 패밀리 레스토랑에서 식사를 합시다.

A いっしょに ディズニーランドに 遊びに 行きませんか。
함께 디즈니랜드에 놀러 가지 않을래요?

B そのあと デパートで ショッピングしましょう。 그 뒤 백화점에서 쇼핑합시다.

Ⓐ いっしょに ミュージカルを 見ませんか。함께 뮤지컬을 보지 않을래요?
Ⓑ そのあと 漢江に ドライブに 行きましょう。그 뒤 한강에 드라이브 갑시다.

Ⓐ いっしょに サッカーを 見ませんか。함께 축구를 보지 않을래요?
Ⓑ そのあと ビールを 飲みましょう。그 뒤 맥주를 마십시다.

Ⓐ いっしょに 映画を 見ませんか。함께 영화를 보지 않을래요?
Ⓑ そのあと カラオケに 行きましょう。그 뒤 노래방에 갑시다.

LESSON 03

おいしい冷麺が食べたいです。
맛있는 냉면을 먹고 싶어요.

💬 Dialogue

🎧 MP3 03-1

ナ： もう こんな 時間ですね。
　　 お昼 食べに 行きましょうか。

山田： そうですね。そうしましょう。

ナ： 今日の メニューは 何に しましょうか。
　　 何が 食べたいですか。

山田： そうですね。私は てんぷら定食が 食べたいです。
　　　 ナさんは?

ナ： 私は 久しぶりに おいしい 冷麺が 食べたいです。

山田： 今日は 暑いですから 冷麺も いいですね。

ナ： じゃ、冷麺を 食べに 行きましょう。

나민아: 벌써 시간이 이렇게 됐네요.
　　　　점심 먹으러 갈까요?
야마다: 그러네요. 그렇게 해요.
나민아: 오늘 메뉴는 무엇으로 할까요?
　　　　뭘 먹고 싶어요?
야마다: 글쎄요. 저는 튀김정식이 먹고 싶습니다.
　　　　민아 씨는요?
나민아: 저는 오랜만에 맛있는 냉면을 먹고 싶어요.
야마다: 오늘은 더우니까 냉면도 좋겠네요.
나민아: 그럼, 냉면을 먹으러 가죠.

🔍 단어

もう 벌써 | **こんな** 이런 | **時間**(じかん) 시간 | **お昼**(ひる) 점심 | **メニュー** 메뉴 | **〜たい** 〜하고 싶다 | **てんぷら** 튀김 | **定食**(ていしょく) 정식 | **久**(ひさ)**しぶりに** 오랜만에 | **冷麺**(れいめん) 냉면 | **暑**(あつ)**い** 덥다 | **〜から** 〜때문에 | **〜も** 〜도

GRAMMAR

1 희망 표현

1. ~たい ~(하)고 싶다 (동사의 ます형에 접속)

日本(にほん)へ 行(い)きたいです。
少(すこ)し 休(やす)みたいです。
結婚(けっこん)したいです。

2. ~たくない ~(하)고 싶지 않다 (たい형의 부정형)

学校(がっこう)に 行(い)きたくないです。
焼酎(しょうちゅう)は 飲(の)みたくないです。
何(なに)も 食(た)べたくないです。

3. ~が ほしい ~을/를 갖고 싶다, ~을/를 원하다

かわいい 犬(いぬ)が ほしいです。
デジタルカメラが ほしいです。
すてきな 恋人(こいびと)が ほしいです。

단어

行(い)く 가다 | 少(すこ)し 조금 | 休(やす)む 쉬다 | 結婚(けっこん) 결혼 | 学校(がっこう) 학교 | 焼酎(しょうちゅう) 소주 | 何(なに)も 아무것도 | かわいい 귀엽다 | 犬(いぬ) 개 | ほしい 갖고 싶다 | デジタルカメラ 디지털카메라 | すてきだ 멋지다 | 恋人(こいびと) 애인

4. ～になりたい　　　　　　　　　　～이/가 되고 싶다

いい 先生に なりたいです。
有名な デザイナーに なりたいです。
立派な 社会人に なりたいです。

변화에 대한 희망 표현

1. 명사 + ～に なりたい
歌手に なりたいです。
医者に なりたいです。

2. い형용사 어간 + ～く なりたい
美しく なりたいです。
若く なりたいです。

3. な형용사 어간 + ～に なりたい
有名に なりたいです。
日本語が 上手に なりたいです。

 단어

なる 되다 ｜ 有名(ゆうめい)だ 유명하다 ｜ デザイナー 디자이너 ｜ 立派(りっぱ)だ 훌륭하다 ｜ 社会人(しゃかいじん) 사회인 ｜ 医者(いしゃ) 의사 ｜ 美(うつく)しい 아름답다 ｜ 若(わか)い 젊다 ｜ 上手(じょうず)だ 잘하다

LET'S TALK

Ⅰ 다음 보기와 같이 연습해 보세요.　　　　🎧 MP3 03-2

> |보기|
> A: 結婚したいですか。
> B: はい、結婚したいです。
> 　　いいえ、結婚したくないです。

1　A: 日本語で 話したいですか。
　　B: _____

2　A: 友達と 遊びたいですか。
　　B: _____

3　A: 早く 家に 帰りたいですか。
　　B: _____

4　A: 恋人と 別れたいですか。
　　B: _____

5　A: 残業したいですか。
　　B: _____

🔍 **단어**
話(はな)す 이야기하다 ｜ 友達(ともだち) 친구 ｜ ～と ～와/과 ｜ 遊(あそ)ぶ 놀다 ｜ 早(はや)く 빨리 ｜ 家(いえ) 집 ｜ ～に ～에 ｜ 帰(か え)る 돌아가다 ｜ 恋人(こいびと) 애인 ｜ 別(わか)れる 헤어지다 ｜ 残業(ざんぎょう) 잔업, 야근

Ⅱ 다음 보기와 같이 연습해 보세요.

> |보기|
> A: 今 何が 一番 ほしいですか。
> B: ノートパソコンが 一番 ほしいです。

1　A: 今 何が 一番 ほしいですか。

　　B: _____

カメラ

2　A: 今 何が 一番 食べたいですか。

　　B: _____

ケーキ

3　A: 今 何が 一番 飲みたいですか。

　　B: _____

ビール

4　A: どこへ 一番 行きたいですか。

　　B: _____ 。

ヨーロッパ

🔍 단어
一番(いちばん) 가장, 제일 | ノートパソコン 노트북 | カメラ 카메라 | ケーキ 케이크 | ビール 맥주 | ヨーロッパ 유럽

EXERCISE

다음 빈칸에 알맞은 말을 넣어 보세요.

① 좋은 회사에 취직하고 싶습니다. (就職)
　　いい 会社 _____

② 그녀와 만나고 싶습니다. (会う)
　　彼女と _____

③ 오늘은 아무것도 하고 싶지 않습니다. (何も)
　　今日は _____

④ 최신형 스마트폰을 갖고 싶습니다. (最新型のスマホ)
　　最新型の _____

⑤ 훌륭한 선생님이 되고 싶습니다. (先生)
　　立派な _____

就職(しゅうしょく) 취직 ｜ **会**(あ)**う** 만나다 ｜ **何**(なに)**も** 아무것도 ｜ **最新型**(さいしんがた) 최신형 ｜ **スマホ** 스마트폰 ｜ **立派**(りっぱ)**だ** 훌륭하다

한자 연습

定 정할 정
- 음독 てい
- 훈독 定(さだ)める 정하다
- 丶 宀 宀 宀 宁 定 定

食 먹을 식
- 음독 しょく
- 훈독 食(た)べる 먹다
- ノ 人 人 今 今 食 食

定食 정 식

決定 결 정

食堂 식 당

외래어 연습

ノートパソコン 노트북

デザイナー 디자이너

メニュー 메뉴

Lesson 03 | おいしい冷麺が食べたいです。

FUN & TALK

여러분은 무엇을 하고 싶으세요?
何がしたいですか。

りゅうがく
留学
유학

しゅうしょく
就職
취직

りょこう
旅行
여행

けんきゅう
研究
연구

しょうしん
昇進
승진

きゅうしょく
休職
휴직

ダイエット
다이어트

けっこん
結婚
결혼

しょうばい
商売
장사

しんがく
進学
진학

うんどう
運動
운동

きんえん
禁煙
금연

デート
데이트

ドライブ
드라이브

LESSON 04

地下鉄駅まで歩いて行きます。
지하철역까지 걸어서 갑니다.

💬 Dialogue

🎧 MP3 04-1

田中：姜さんは どうやって 会社へ 来ますか。

姜：まず、近くの 地下鉄駅まで 歩いて 行きます。
地下鉄 3号線に 乗って キョデ駅まで 行って
キョデ駅で 2号線に 乗り換えて サムソン駅で 降ります。

田中：わあ～、本当に 大変ですね。

姜：ええ、いつも 地下鉄の 中で うとうとしながら 来ます。
田中さんは?

田中：私は 家から 歩いて 来ます。
会社まで 歩いて 20分ぐらい かかります。

姜：わあ～、本当に 近くて いいですね。
これから 時々 遊びに 行きますから、
家が どこか 教えて ください。

田中：え?! あの…、それは ちょっと…。

다나카: 한척 씨는 회사에 어떻게 와요?
강한척: 우선 가까운 지하철역까지 걸어갑니다.
지하철 3호선을 타고 교대역까지 가서 교대역에서
2호선으로 갈아타고 삼성역에서 내립니다.
다나카: 와~, 정말 힘들겠군요.
강한척: 네, 항상 전철 안에서 꾸벅꾸벅 졸면서 옵니다. 다나카 씨는요?
다나카: 저는 집에서 걸어서 옵니다. 회사까지 걸어서 20분 정도 걸려요.
강한척: 와~, 정말 가까워서 좋네요.
이제부터 종종 놀러 갈테니 집이 어딘지 가르쳐 주세요.
다나카: 네? 저……, 그건 좀…….

🔍 단어

どうやって 어떻게 해서 | まず 우선 | 近(ちか)く 근처 | 地下鉄駅(ちかてつえき) 지하철역 | ～まで ～까지 | 歩(ある)く 걷다 | 行(い)く 가다 | ～号線(ごうせん) ～호선 | 乗(の)る 타다 | 乗(の)り換(か)える 갈아타다 | 降(お)りる 내리다 | 本当(ほんとう)に 정말로 | 大変(たいへん)だ 큰일이다, 힘들다 | いつも 언제나, 항상 | うとうとする 꾸벅꾸벅 졸다 | ～ながら ～하면서 | ぐらい 정도 | かかる 걸리다 | これから 이제부터 | 時々(ときどき) 때때로, 종종 | 遊(あそ)ぶ 놀다 | どこか 어딘지 | 教(おし)える 가르치다

GRAMMAR

1 ～て　　　　　　　　　　　～(하)고, ～(해)서

朝(あさ) 起(お)きて 顔(かお)を 洗(あら)います。
顔(かお)を 洗(あら)って ご飯(はん)を 食(た)べます。
バスに 乗(の)って 会社(かいしゃ)へ 行(い)きます。

2 ～て ください　　　　　　　～해 주세요

ここに 住所(じゅうしょ)を 書(か)いて ください。
パスポートを 見(み)せて ください。
もう一度(いちど) 説明(せつめい)して ください。

3 ～ながら　　　　　　　　　～하면서 (동시 동작 〈동사의 ます형에 접속〉)

テレビを 見(み)ながら ご飯(はん)を 食(た)べます。
音楽(おんがく)を 聞(き)きながら コーヒーを 飲(の)みます。
ギターを 弾(ひ)きながら 歌(うた)を 歌(うた)います。

🔍 **단어**

朝(あさ) 아침 | 起(お)きる 일어나다 | 顔(かお) 얼굴 | 洗(あら)う 씻다 | ご飯(はん) 밥 | バス 버스 | 住所(じゅうしょ) 주소 | 書(か)く 쓰다 | パスポート 여권 | 見(み)せる 보여주다 | もう一度(いちど) 한 번 더 | 説明(せつめい)する 설명하다 | テレビ 텔레비전 | 音楽(おんがく)を 聞(き)く 음악을 듣다 | ギターを 弾(ひ)く 기타를 치다 | 歌(うた)を 歌(うた)う 노래를 부르다

❹ 동사의 て형

Ⅰ그룹 동사 **(5단 동사)**	어미 く・ぐ → いて・いで	書く 쓰다 ➡ 泳ぐ 헤엄치다 ➡	書いて 쓰고, 써서 泳いで 헤엄치고, 헤엄쳐서
	う・つ・る → って	会う 만나다 ➡ 待つ 기다리다 ➡ 降る (눈, 비가) 내리다 ➡	会って 만나고, 만나서 待って 기다리고, 기다려서 降って 내리고, 내려서
	ぬ・ぶ・む → んで	死ぬ 죽다 ➡ 遊ぶ 놀다 ➡ 飲む 마시다 ➡	死んで 죽고, 죽어서 遊んで 놀고, 놀아서 飲んで 마시고, 마셔서
	す → して	話す 이야기하다 ➡	話して 이야기하고, 이야기해서
	예외	行く 가다 ➡	行って 가고, 가서
Ⅱ그룹 동사 **(상하1단 동사)**	어간 + て	見る 보다 ➡ 起きる 일어나다 ➡ 食べる 먹다 ➡ 寝る 자다 ➡	見て 보고, 봐서 起きて 일어나고, 일어나서 食べて 먹고, 먹어서 寝て 자고, 자서
Ⅲ그룹 동사 **(불규칙 동사)**		来る 오다 ➡ する 하다 ➡	来て 오고, 와서 して 하고, 해서

LET'S TALK

Ⅰ 다음 보기와 같이 연습해 보세요.　　　　　　　　　🎧 MP3 04-2

보기

A: これから 何を しますか。
B: 手を 洗って ご飯を 食べます。

1　地下鉄に 乗る / 会社に 行く　　　　

2　コーヒーを 飲む / 仕事を 始める　　

3　友達に 会う / 食事を する　　　　　

4　家に 帰る / シャワーを 浴びる　　　

5　シャワーを 浴びる / 寝る　　　　　

これから 이제부터 | **手**(て) 손 | **洗**(あら)**う** 씻다 | **ご飯**(はん) 밥 | **食**(た)**べる** 먹다 | **地下鉄**(ちかてつ) 지하철 | **乗**(の)**る** 타다 | **飲**(の)**む** 마시다 | **仕事**(しごと) 일 | **始**(はじ)**める** 시작하다 | **友達**(ともだち)**に 会**(あ)**う** 친구를 만나다 | **食事**(しょくじ) 식사 | **帰**(かえ)**る** 돌아가다 | **シャワーを 浴**(あ)**びる** 샤워하다 | **寝**(ね)**る** 자다

Ⅱ 다음 보기와 같이 연습해 보세요.

| 보기 | すみません。暑いですから、ちょっと窓を開けてください。

1　授業中 / 静かに する

2　高い / 安く する

3　忙しい / 手伝う

4　分からない / 教える

5　よく 聞こえない / 大きい 声で 言う

🔍 **단어**

暑(あつ)い 덥다 | ちょっと 좀 | 窓(まど) 창문 | 開(あ)ける 열다 | 授業中(じゅぎょうちゅう) 수업 중 | 静(しず)かにする 조용히 하다 | 高(たか)い 비싸다 | 安(やす)くする 싸게 하다 | 忙(いそが)しい 바쁘다 | 手伝(てつだ)う 돕다 | 分(わ)からない 알지 못하다, 모르다 | 教(おし)える 가르치다 | よく 잘 | 聞(き)こえる 들리다 | 声(こえ) 목소리 | 言(い)う 말하다

LET'S TALK

Ⅲ 다음 보기와 같이 연습해 보세요.

|보기|
A: テレビを 見ながら 何を しますか。
B: テレビを 見ながら ご飯を 食べます。

1 音楽を 聞く / 勉強する

2 歌を 歌う / 踊りを 踊る

3 コーヒーを 飲む / 新聞を 読む

4 本を 見る / 料理を する

5 ポップコーンを 食べる / 映画を 見る

テレビを 見(み)る 텔레비전을 보다 | 音楽(おんがく)を 聞(き)く 음악을 듣다 | 勉強(べんきょう)する 공부하다 | 歌(うた)を 歌(うた)う 노래하다 | 踊(おど)りを 踊(おど)る 춤을 추다 | 新聞(しんぶん) 신문 | 読(よ)む 읽다 | 料理(りょうり) 요리 | ポップコーン 팝콘 | 映画(えいが)を 見(み)る 영화를 보다

EXERCISE

다음 빈칸에 알맞은 말을 넣어 보세요.

❶ 도서관에 가서 공부합니다.

図書館へ _____

❷ 전화해서 예약을 합니다. (予約)

電話して _____

❸ 메일을 보내 주세요. (送る)

メールを _____

❹ 지금 빨리 와 주세요. (早く / 来る)

今 _____

❺ 콜라를 마시면서 피자를 먹습니다. (ピザ)

コーラを _____

🔍 **단어** ---

図書館(としょかん) 도서관 | 行(い)く 가다 | 勉強(べんきょう)する 공부하다 | 電話(でんわ) 전화 | 予約(よやく) 예약 | メール 메일 | 送(おく)る 보내다 | 今(いま) 지금 | 早(はや)く 빨리 | 来(く)る 오다 | コーラ 콜라 | 飲(の)む 마시다 | ピザ 피자 | 食(た)べる 먹다

EXERCISE

한자 연습

地 땅 지
- 음독 ち / じ
- 훈독 地(つち) 흙
- 一 十 土 圡 地 地

地 地 地 地 地 地

下 아래 하
- 음독 か / げ
- 훈독 下(した) 아래 / 下(さ)げる 내리다 / 下(くだ)る 내려가다
- 一 丁 下

下 下 下 下 下 下

地下 지(ちか)하
地下 地下 地下 地下 地下 地下

地図 지(ちず)도
地図 地図 地図 地図 地図 地図

上下 상(じょうげ)하
上下 上下 上下 上下 上下 上下

외래어 연습

テレビ 텔레비전

| テレビ | テレビ | テレビ | テレビ |

シャワー 샤워

| シャワー | シャワー | シャワー | シャワー |

パスポート 여권

| パスポート | パスポート | パスポート | パスポート |

FUN & TALK

📎 다음과 같이 자유롭게 순차적 표현으로 말해 보세요.

ご飯を食べて、歯を磨きます。

朝 起きる
아침에 일어나다

シャワーを 浴びる
샤워를 하다

食事を する
식사를 하다

会社に 行く
회사에 가다

仕事を する
일을 하다

友達に 会う
친구를 만나다

コーヒーを 飲む
커피를 마시다

家に 帰る
집에 돌아가다

音楽を 聞く
음악을 듣다

LESSON 05

山田さんはアマゾンを知っていますか。
야마다 씨는 아마존을 아세요?

💬 Dialogue

🎧 MP3 05-1

山田: もしもし。ナさん、山田です。こんにちは。

ナ: あ、山田さん、こんにちは。

山田: 今 何を して いますか。

ナ: インターネットを して います。
アマゾンで 品物の 値段を 見て いました。
山田さんは アマゾンを 知って いますか。

山田: もちろん 知って いますよ。
日本でも アマゾンの サイトは 人気ありますよ。

ナ: そうですか。
あら、今 メッセンジャーに 友達が 入って きました。
山田さんも メッセンジャーで 話しましょうか。

山田: それも いいですね。
じゃ、メッセンジャーで 会いましょう。

야마다: 여보세요. 민아 씨, 야마다예요. 안녕하세요.
나민아: 아, 야마다 씨, 안녕하세요.
야마다: 지금 뭐 하고 있어요?
나민아: 인터넷을 하고 있어요.
　　　　아마존에서 물건의 가격을 보고 있었어요.
　　　　야마다 씨는 아마존을 아세요?

야마다: 물론 알고 있어요.
　　　　일본에서도 아마존 사이트는 인기있어요.
나민아: 그래요?
　　　　어머, 지금 메신저에 친구가 들어왔어요.
　　　　야마다 씨도 메신저로 얘기할까요?
야마다: 그것도 좋겠네요. 그럼, 메신저에서 만나요.

🔍 단어

もしもし 여보세요 | **こんにちは** 안녕하세요 | **今**(いま) 지금 | **何**(なに) 무엇 | **インターネット** 인터넷 | **アマゾン** 아마존 | **品物**(しなもの) 물건 | **値段**(ねだん) 가격 | **見**(み)る 보다 | **知**(し)る 알다 | **もちろん** 물론 | **~でも** ~에서도 | **サイト** 사이트 | **人気**(にんき) 인기 | **ある** 있다 | **メッセンジャー** 메신저 | **友達**(ともだち) 친구 | **入**(はい)る 들어오다, 들어가다 | **話**(はな)す 이야기하다 | **会**(あ)う 만나다

Lesson 05 | 山田さんはアマゾンを知っていますか。

GRAMMAR

1 〜ています   〜(하)고 있습니다 (동사의 て형 + います)

1. 현재 진행 동작

レポートを 書いて います。

歌を 歌って います。

インターネットを して います。

2. 자세, 표정

立って います。

座って います。

笑って います。

3. 옷차림, 착용

眼鏡を かけて います。

スーツを 着て います。

スカーフを して います。

バックを かけている
ブラウスを 着ている
スカートを はいている
スカーフを している
時計を している

ぼうしを かぶっている
眼鏡を かけている
ネクタイを しめている
スーツを 着ている
くつを はいている
かばんを 持っている

4. 날씨, 사물의 상태

雨が 降って います。

窓が 開いて います。

風が 吹いて います。

5. 직업, 거주지

教師を して います。

銀行に 勤めて います。

ソウルに 住んで います。

2 ～ている＋명사   ～(하)고 있는

眼鏡を かけて いる 人が 先生です。

スーツを 着て いる 人が 山田さんです。

本を 読んで いる 人は 中村さんです。

단어

レポートを書(か)く 리포트를 쓰다 | 歌(うた)を歌(うた)う 노래를 부르다 | 立(た)つ 일어서다 | 座(すわ)る 앉다 | 笑(わら)う 웃다 | 眼鏡(めがね)をかける 안경을 끼다 | スーツを着(き)る 정장을 입다 | スカーフをする 스카프를 하다 | バック 가방 | ブラウス 블라우스 | スカート 스커트 | ぼうしをかぶる 모자를 쓰다 | ネクタイをしめる 넥타이를 매다 | くつをはく 구두를 신다 | かばんを持(も)つ 가방을 들다 | 雨(あめ)が降(ふ)る 비가 내리다 | 窓(まど)が開(あ)く 창문이 열리다 | 風(かぜ)が吹(ふ)く 바람이 불다 | 教師(きょうし) 교사 | 銀行(ぎんこう)に勤(つと)める 은행에 근무하다 | ～に住(す)む ～에 살다 | 本(ほん)を読(よ)む 책을 읽다

LET'S TALK

Ⅰ 다음 보기와 같이 연습해 보세요.

🎧 MP3 05-2

|보기|
A: 今何を しています か。
B: 日本語の 勉強を して います。

1

友達と 話す

2

歌を 歌う

3

本を 読む

4
仕事を する

5

デートを する

友達(ともだち)と話(はな)す 친구와 이야기하다 | 歌(うた)を歌(うた)う 노래를 부르다 | 本(ほん)を読(よ)む 책을 읽다 | 仕事(しごと)をする 일을 하다 | デートをする 데이트를 하다

Ⅱ 다음 보기와 같이 연습해 보세요.

| 보기 |
A: 山田さんは どの 人ですか。
B: スーツを 着て いる 人です。

1 金さん / 眼鏡を かける
2 中村さん / ミニスカートを はく
3 田中さん / 帽子を かぶる
4 吉田さん / ジュースを 飲む
5 鈴木さん / 笑う

단어

スーツを着(き)る 정장을 입다 | 眼鏡(めがね)をかける 안경을 끼다 | ミニスカートをはく 미니스커트를 입다 | 帽子(ぼうし)をかぶる 모자를 쓰다 | ジュースを飲(の)む 주스를 마시다 | 笑(わら)う 웃다

LET'S TALK

Ⅲ 다음 보기와 같이 연습해 보세요.

> |보기|
> A: 失礼ですが、山田さんの お仕事は?
> B: 貿易会社に 勤めて います。

1

中村さん / 銀行

2

金さん / 商社

3

田中さん / 郵便局

4

朴さん / 病院

失礼(しつれい)ですが 실례합니다만 | **お仕事(しごと)** 직업, 일 | **貿易会社(ぼうえきがいしゃ)** 무역회사 | **〜に勤(つと)める** 〜에 근무하다 | **銀行(ぎんこう)** 은행 | **商社(しょうしゃ)** 상사 | **郵便局(ゆうびんきょく)** 우체국 | **病院(びょういん)** 병원

EXERCISE

다음 빈칸에 알맞은 말을 넣어 보세요.

① 일본어를 배우고 있습니다. (習う)
日本語を _____

② 영화를 보고 있습니다. (映画を見る)
映画を _____

③ 눈이 오고 있습니다. (雪が降る)
雪が _____

④ 병원에 근무하고 있습니다. (病院に勤める)
病院 _____

⑤ 운전하고 있는 사람은 야마다 씨입니다.
運転 _____

🔍 **단어**

習(なら)う 배우다 | 映画(えいが)を見(み)る 영화를 보다 | 雪(ゆき)が降(ふ)る 눈이 내리다 | 病院(びょういん)に勤(つと)める 병원에 근무하다 | 運転(うんてん)する 운전하다

EXERCISE

한자 연습

見 볼 견
음독 けん　훈독 見(み)る 보다　｜ 冂 月 目 貝 見

| 見 | 見 | 見 | 見 | 見 | 見 |

知 알 지
음독 ち　훈독 知(し)る 알다　ノ 匕 午 矢 知 知 知

| 知 | 知 | 知 | 知 | 知 | 知 |

見解 けんかい / 견해

| 見解 | 見解 | 見解 | 見解 | 見解 | 見解 |

知識 ちしき / 지식

| 知識 | 知識 | 知識 | 知識 | 知識 | 知識 |

외래어 연습

ギター 기타

| ギター | ギター | ギター | ギター |

サイト 사이트

| サイト | サイト | サイト | サイト |

メッセンジャー 메신저

| メッセンジャー | メッセンジャー | メッセンジャー | メッセンジャー |

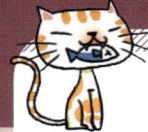

FUN & TALK

다음 그림을 보면서 이야기를 나누어 보세요.

何(なに)を して いますか。

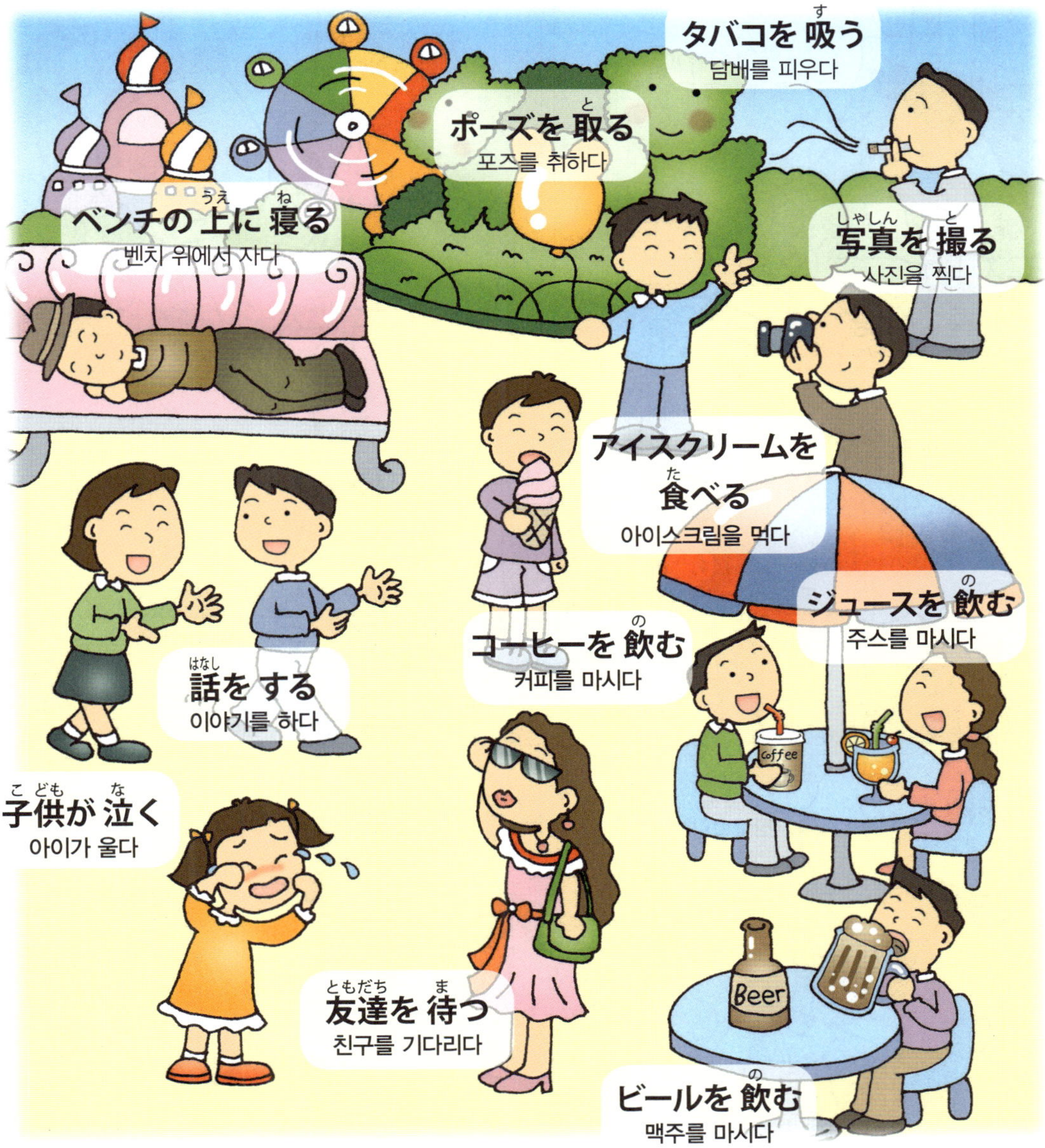

タバコを 吸(す)う
담배를 피우다
ポーズを 取(と)る
포즈를 취하다
ベンチの 上(うえ)に 寝(ね)る
벤치 위에서 자다
写真(しゃしん)を 撮(と)る
사진을 찍다
アイスクリームを 食(た)べる
아이스크림을 먹다
ジュースを 飲(の)む
주스를 마시다
コーヒーを 飲(の)む
커피를 마시다
話(はなし)を する
이야기를 하다
子供(こども)が 泣(な)く
아이가 울다
Coffee
Beer
友達(ともだち)を 待(ま)つ
친구를 기다리다
ビールを 飲(の)む
맥주를 마시다

LESSON 06 妹さんは田中さんに似ていますか。
여동생은 다나카 씨를 닮았나요?

💬 Dialogue

🎧 MP3 06-1

姜：田中さんは 何人 兄弟ですか。

田中：私の 下に 妹が 一人 います。

姜：わあ、妹さんが いるんですか。うらやましいですね。
妹さんは 田中さんに 似て いますか。

田中：いいえ、あまり 似て いません。
私は 父に 似て いて、妹は 母に 似て います。
性格も 全然 違います。

姜：妹さんの お年は？ おいくつですか。

田中：今年 28です。

姜：彼氏は いますか。

田中：ハハ、彼女、もう 結婚して いますよ。

강한척: 다나카 씨는 형제가 몇 명이에요?
다나카: 제 아래로 여동생이 한 명 있어요.
강한척: 와~, 여동생이 있습니까? 부럽군요.
여동생은 다나카 씨와 닮았나요?
다나카: 아니요, 별로 안 닮았어요.
저는 아버지를 닮았고 여동생은 어머니를 닮았어요.
성격도 전혀 다르지요.

강한척: 여동생분 나이는요? 몇 살입니까?
다나카: 올해 28살입니다.
강한척: 남자친구는 있습니까?
다나카: 하하, 그녀는 벌써 결혼했어요.

🔍 **단어**

何人(なんにん) 몇 명 | 兄弟(きょうだい) 형제 | 下(した) 아래 | 妹(いもうと) 여동생 | 一人(ひとり) 한 사람 | 妹(いもうと)さん 여동생분 | うらやましい 부럽다 | 似(に)る 닮다 | あまり 별로 | 父(ちち) 아버지, 부친 | 母(はは) 어머니, 모친 | 性格(せいかく) 성격 | ～も ~도 | 全然(ぜんぜん) 전혀 | 違(ちが)う 다르다 | お年(とし) 나이 | おいくつですか 몇 살입니까? | 今年(ことし) 올해 | 彼氏(かれし) 남자친구, 애인 | もう 벌써, 이미 | 結婚(けっこん)する 결혼하다

GRAMMAR

1 何人兄弟ですか　　형제가 몇 명이에요?

何人 家族ですか。
何人 兄弟ですか。
ご家族は 何人ですか。
→ 四人 家族です。

	자기 가족	남의 가족	자기 가족을 부를 때
할아버지	祖父	お祖父さん	お祖父さん
할머니	祖母	お祖母さん	お祖母さん
아버지	父	お父さん	お父さん
어머니	母	お母さん	お母さん
형·오빠	兄	お兄さん	お兄さん
누나·언니	姉	お姉さん	お姉さん
남동생	弟	弟さん	
여동생	妹	妹さん	
숙부·삼촌	叔父·伯父	叔父さん	叔父さん
숙모·이모	叔母·伯母	叔母さん	叔母さん
사촌	いとこ	いとこさん	
남자 조카	おい	おいごさん	
여자 조카	めい	めいごさん	
형제	兄弟	ご兄弟	
아들	息子	息子さん	
딸	娘	娘さん	

② おいくつですか。　　　　몇 살이에요?

失礼(しつれい)ですけど、おいくつですか。
→ 今年(ことし)で 29歳(にじゅうきゅうさい)に なります。
→ 35(さんじゅうご)です。

③ ～に 似(に)ている　　　　～을/를 닮다

父(ちち)に 似(に)て います。
母(はは)に 似(に)て います。
だれにも 似(に)て いません。

④ 結婚(けっこん)している　　　　결혼한 상태

失礼(しつれい)ですが、結婚(けっこん)して いますか。
妹(いもうと)は もう 結婚(けっこん)して います。
兄(あに)は まだ 結婚(けっこん)して いません。

🔍 **단어**

ご家族(かぞく) 가족분 | 父(ちち) 아빠 | 母(はは) 엄마 | だれにも 누구도 | 結婚(けっこん)する 결혼하다 | 妹(いもうと) 여동생 |
もう 이미, 벌써 | 兄(あに) 형, 오빠 | まだ 아직

LET'S TALK

🎧 MP3 06-2

Ⅰ 다음 보기와 같이 연습해 보세요.

|보기|
A: ご家族は 何人ですか。/ 何人 家族ですか。
B: 母と 父と 私、3人 家族です。

1 母 / 父 / 3人

2 父 / 母 / 弟 / 4人

3 祖父 / 祖母 / 父 / 母 / 兄 / 6人

4 両親 / 姉 / 妹 / 5人

🔍 단어

ご家族(かぞく) 가족분 | 何人(なんにん) 몇 명 | 母(はは) 어머니 | 父(ちち) 아버지 | 弟(おとうと) 남동생 | 祖父(そふ) 할아버지 | 祖母(そぼ) 할머니 | 兄(あに) 형, 오빠 | 両親(りょうしん) 양친, 부모님 | 姉(あね) 누나, 언니 | 妹(いもうと) 누이동생, 여동생

Ⅱ 다음 보기와 같이 연습해 보세요.

> |보기|
> A: 山田さんは だれに 似て いますか。
> B: 母に 似て います。

1 金さん / 父
2 田中さん / 兄
3 朴さん / 姉
4 中村さん / だれにも 似て いない

Ⅲ 다음 보기와 같이 연습해 보세요.

> |보기|
> A: 失礼ですが、お母さんは おいくつですか。
> B: 母は 58歳です。

1 お父さん / 父(63)
2 お兄さん / 兄(34)
3 弟さん / 弟(27)
4 妹さん / 妹(24)

EXERCISE

다음 빈칸에 알맞은 말을 넣어 보세요.

❶ 가족은 몇 명입니까?
　　家族は _____

❷ 실례합니다만, 몇 살이에요?
　　失礼 _____

❸ 야마다 씨는 누구를 닮았습니까?
　　山田さんは _____

❹ 저는 어머니를 닮았습니다.
　　私は _____

❺ 남동생은 아직 결혼하지 않았습니다. (結婚)
　　弟は _____

단어

家族(かぞく) 가족 ｜ **失礼**(しつれい) 실례 ｜ **結婚**(けっこん) 결혼

한자 연습

家 집 가
- 음독: か
- 훈독: 家(いえ), 家(うち) 집
- 획순: 家家家家家家家家家家

族 겨레 족
- 음독: ぞく
- 훈독: やから 일족
- 획순: 族族族族族族族族族族族

家族 가족 (かぞく)

実家 생가, 친정 (じっか)

民族 민족 (みんぞく)

외래어 연습

パパ 아빠

パパ　パパ　パパ　パパ

ママ 엄마

ママ　ママ　ママ　ママ

ペット 애완동물

ペット　ペット　ペット　ペット

Lesson 06 | 妹さんは田中さんに似ていますか。

FUN & TALK

그림을 보면서 민우 씨 가족을 소개해 보세요.

ミンウさんの家族

お父さん 아버지	59歳	警察官 경찰관
お母さん 어머니	55歳	小学校の先生 초등학교 선생님
お兄さん 형	32歳	銀行員 은행원
ミンウ 민우	29歳	会社員 회사원
弟さん 남동생	24歳	大学生 대학생

📎 그림을 보면서 나카무라 씨 가족을 소개해 보세요.

中村さんの家族

お父さん 아버지	63歳	医者 의사
お母さん 어머니	59歳	主婦 주부
中村 나카무라	33歳	会社員 회사원
妹さん 여동생	27歳	会社員 회사원

LESSON 07 日本に行ったことがありますか。
일본에 간 적이 있나요?

💬 Dialogue

🎧 MP3 07-1

山田： ナさんは 日本に 行った ことが ありますか。

ナ： もちろんですよ。日本には 何度も 行きました。

山田： そうですか? 日本の どこに 行きましたか。

ナ： 東京、大阪、京都、名古屋、静岡、福岡、長崎、北海道、沖縄…。

山田： すごい。本当に いろんな ところに 行ったんですね。行って みた 所の 中で どこが 一番 気に 入りましたか。

ナ： 私は 北海道が 一番 良かったです。美しい 自然、すてきな 温泉、おいしい 海産物…、最高でした。

山田： そうですか。私の 故郷 四国にも 一度 遊びに 来て ください。私が 案内しますよ。

ナ： ありがとうございます。四国にも ぜひ 行って みたいです。

야마다: 민아 씨는 일본에 간 적이 있나요?
나민아: 물론이죠. 일본에는 몇 번이나 다녀왔습니다.
야마다: 그래요? 일본 어디에 갔어요?
나민아: 도쿄, 오사카, 교토, 나고야, 시즈오카, 후쿠오카, 나가사키, 홋카이도, 오키나와…….
야마다: 굉장해요. 정말 여러 곳을 가 보셨군요.
　　　　가 본 곳 중에서 어디가 가장 마음에 들었습니까?
나민아: 저는 홋카이도가 제일 좋았어요. 아름다운 자연, 멋진 온천, 맛있는 해산물……, 최고였습니다.
야마다: 그래요? 제 고향 시코쿠에도 한번 놀러 오세요. 제가 안내할게요.
나민아: 감사합니다.
　　　　시코쿠에도 꼭 가 보고 싶습니다.

🔍 단어

~に ~에 | **行(い)く** 가다 | **~た ことが ある** ~한 적이 있다 | **もちろん** 물론 | **何度(なんど)も** 몇 번이나 | **どこに** 어디에 | **すごい** 굉장하다 | **いろんな** 여러 | **所(ところ)** 곳 | **~て みる** ~해 보다 | **気(き)に 入(い)る** 마음에 들다 | **美(うつく)しい** 아름답다 | **自然(しぜん)** 자연 | **すてきだ** 멋지다, 훌륭하다 | **温泉(おんせん)** 온천 | **海産物(かいさんぶつ)** 해산물 | **最高(さいこう)だ** 최고다 | **故郷(こきょう)** 고향 | **遊(あそ)びに 来(く)る** 놀러 오다 | **案内(あんない)する** 안내하다 | **ぜひ** 부디, 꼭

GRAMMAR

1 ～た   ～했다

昨日 友達に 会った。
友達と いっしょに 遊んだ。
一生懸命 勉強した。

2 ～た ことが ある   ～한 적이 있다(경험)

有名な タレントに 会った ことが あります。
飛行機に 乗った ことが あります。
日本へ 出張に 行った ことが あります。

3 ～んです   ～이랍니다, ～이거든요 (이유 설명, 강조)

私の 大切な 人なんです。
日本に 行った ことが ないんです。
ここは 本当に 交通が 便利なんです。

단어

昨日(きのう) 어제 | いっしょに 함께 | 遊(あそ)ぶ 놀다 | 一生懸命(いっしょうけんめい) 열심히 | 勉強(べんきょう)する 공부하다 | 有名(ゆうめい)だ 유명하다 | タレント 탤런트 | 飛行機(ひこうき)に乗(の)る 비행기를 타다 | 出張(しゅっちょう) 출장 | 大切(たいせつ)だ 소중하다 | 本当(ほんとう)に 정말로 | 交通(こうつう) 교통 | 便利(べんり)だ 편리하다

4 동사의 과거형(た형)

	어미		
Ⅰ그룹 동사 (5단 동사)	く・ぐ → いた・いだ	書く 쓰다 泳ぐ 헤엄치다	➡ 書いた 썼다 ➡ 泳いだ 헤엄쳤다
	う・つ・る → った	会う 만나다 待つ 기다리다 降る (눈, 비) 내리다	➡ 会った 만났다 ➡ 待った 기다렸다 ➡ 降った 내렸다
	ぬ・ぶ・む → んだ	死ぬ 죽다 遊ぶ 놀다 飲む 마시다	➡ 死んだ 죽었다 ➡ 遊んだ 놀았다 ➡ 飲んだ 마셨다
	す → した	話す 이야기하다	➡ 話した 이야기했다
	예외	行く 가다	➡ 行った 갔다
Ⅱ그룹 동사 (상하1단 동사)	어간 + た	見る 보다 起きる 일어나다 食べる 먹다 忘れる 잊다	➡ 見た 봤다 ➡ 起きた 일어났다 ➡ 食べた 먹었다 ➡ 忘れた 잊었다
Ⅲ그룹 동사 (불규칙 동사)		来る 오다 する 하다	➡ 来た 왔다 ➡ した 했다

GRAMMAR

5 형용사의 과거형

い형용사	어간 + かった	面白い 재미있다	➡ 面白かった 재미있었다
			➡ 面白かったです 재미있었습니다
		面白くない 재미있지 않다	➡ 面白くなかった 재미있지 않았다
			➡ 面白くなかったです 재미있지 않았습니다
		良い 좋다	➡ 良かった 좋았다
			➡ 良かったです 좋았습니다
		良くない 좋지 않다	➡ 良くなかった 좋지 않았다
			➡ 良くなかったです 좋지 않았습니다
な형용사	어간 + だった	賑やかだ 번화하다	➡ 賑やかだった 번화했다
			➡ 賑やかでした 번화했습니다
		賑やかでは[じゃ]ない 번화하지 않다	
		➡ 賑やかでは[じゃ]なかった 번화하지 않았다	
		➡ 賑やかでは[じゃ]なかったです[じゃありませんせした]	
		번화하지 않았습니다	
		真面目だ 성실하다	➡ 真面目だった 성실했다
			➡ 真面目でした 성실했습니다
		真面目ではない 성실하지 않다	
		➡ 真面目では[じゃ]なかった 성실하지 않았다	
		➡ 真面目では[じゃ]なかったです[じゃありませんせした]	
		성실하지 않았습니다	

LET'S TALK

Ⅰ 다음 보기와 같이 연습해 보세요.   🎧 MP3 07-2

|보기|
A: 日本に 行った ことが ありますか。
B: はい、行った ことが あります。
　 いいえ、行った ことが ありません。

1　日本の ドラマを 見る

2　納豆を 食べる

3　病院に 入院する

4　カンニングする

5　電車の 中で 居眠りする

🔍 **단어**

ドラマ 드라마 | **納豆**(なっとう) 낫토(일본청국장) | **食**(た)**べる** 먹다 | **病院**(びょういん) 병원 | **入院**(にゅういん)**する** 입원하다 | **カンニング** 커닝 | **電車**(でんしゃ) 전철 | **居眠**(いねむ)**りする** (앉아서) 깜박 졸다

LET'S TALK

II 다음 보기와 같이 연습해 보세요.

> [보기]
> A: キムチを 作った ことが ありますか。
> B: いいえ、キムチを 作った ことは ありませんが、
> キムチチゲを 作った ことは あります。

1 飛行機に 乗る(×) /
   船に 乗る(○)

2 東京に 行く(×) /
   大阪に 行く(○)

3 日本人と デートする(×) /
   インターネットで チャットする(○)

4 授業に 欠席する(×) /
   遅刻する(○)

5 焼酎を 飲む(×) /
   ビールを 飲む(○)

🔍 **단어**

キムチ 김치 | **作(つく)る** 만들다 | **キムチチゲ** 김치찌개 | **飛行機(ひこうき)** 비행기 | **乗(の)る** 타다 | **船(ふね)** 배 | **東京(とうきょう)** 도쿄 | **行(い)く** 가다 | **大阪(おおさか)** 오사카 | **デート** 데이트 | **インターネット** 인터넷 | **チャット** 채팅 | **授業(じゅぎょう)** 수업 | **欠席(けっせき)** 결석 | **遅刻(ちこく)** 지각 | **焼酎(しょうちゅう)** 소주 | **飲(の)む** 마시다 | **ビール** 맥주

Ⅲ 다음 보기와 같이 연습해 보세요.

| 보기 |
A: 学生時代、真面目でしたか。
B: はい、真面目でした。
　　いいえ、真面目じゃありませんでした。

1

旅行 / 楽しい / はい

2

料理 / おいしい / はい

3

景色 / きれいだ / はい

4

店員 / 親切だ / いいえ

5

交通 / 便利だ / いいえ

단어

学生時代(がくせいじだい) 학창 시절 | 真面目(まじめ)だ 성실하다 | 旅行(りょこう) 여행 | 楽(たの)しい 즐겁다 | 料理(りょうり) 요리 | おいしい 맛있다 | 景色(けしき) 경치 | きれいだ 예쁘다 | 店員(てんいん) 점원 | 親切(しんせつ)だ 친절하다 | 交通(こうつう) 교통 | 便利(べんり)だ 편리하다

EXERCISE

다음 빈칸에 알맞은 말을 넣어 보세요.

① 일본 소설을 읽은 적이 있습니다. (日本の小説を読む)
　　日本の 小説 _____

② 입학 시험에 떨어진 적이 있습니다. (入学試験に落ちる)
　　入学試験 _____

③ 중요한 약속을 잊은 적이 있습니다. (約束を忘れる)
　　重要な _____

④ 한 번도 일본에 간 적이 없습니다. (日本に行く)
　　一度も _____

⑤ 한 번도 결석한 적이 없습니다. (欠席する)
　　一度も _____

단어

小説(しょうせつ)を読(よ)む 소설을 읽다 | 入学試験(にゅうがくしけん) 입학 시험 | 落(お)ちる 떨어지다 | 重要(じゅうよう)だ 중요하다 | 約束(やくそく) 약속 | 忘(わす)れる 잊다 | 一度(いちど)も 한 번도 | 欠席(けっせき)する 결석하다

한자 연습

読 읽을 독
- 음독: どく
- 훈독: 読(よむ) 읽다
- 読 読 読 読 読 読

書 쓸 서
- 음독: しょ
- 훈독: 書(かく) 쓰다
- 書 書 書 書 書 書

読書 (どくしょ) 독서
読書 読書 読書 読書 読書 読書

購読 (こうどく) 구독
購読 購読 購読 購読 購読 購読

書類 (しょるい) 서류
書類 書類 書類 書類 書類 書類

외래어 연습

タレント 탤런트
タレント タレント タレント タレント

チケット 티켓
チケット チケット チケット チケット

チャット 채팅
チャット チャット チャット チャット

Lesson 07 | 日本に行ったことがありますか。

FUN & TALK

다음 그림을 보면서 자신의 경험을 이야기해 보세요.

〜た ことが ありますか。

100点を取る
ひゃくてん と
100점을 받다

賞を受ける
しょう う
상을 받다

叱られる
しか
야단맞다

アイドルのファンになる
아이돌의 팬이 되다

日本へ旅行に行く
にほん りょこう い
일본에 여행 가다

料理を作る
りょうり つく
요리를 만들다

サインをもらう
사인을 받다

お酒に酔う
さけ よ
술 취하다

失恋する
しつれん
실연당하다

ダイエットする
다이어트하다

日本の料理を食べる
일본 음식을 먹다

日本の映画を見る
일본 영화를 보다

バンジージャンプをする
번지점프를 하다

マラソンをする
마라톤을 하다

インラインスケートをする
인라인스케이트를 타다

ゴルフをする
골프를 하다

(競技場で) サッカーを見る
(경기장에서) 축구를 보다

入院する
입원하다

LESSON 08 あまり詳しく聞かないでください。

너무 자세하게 묻지 마세요.

💬 Dialogue

🎧 MP3 08-1

山田(やまだ)：今日(きょう)の プレゼンテーション すばらしかったですよ。
　　　　相当(そうとう) 時間(じかん)が かかったでしょうね。

ナ：いいえ、AIの おかげで そんなに 時間(じかん)かかりませんでした。

山田(やまだ)：そうですか? どんな AIを 使(つか)いましたか。
　　　　ちょっと 具体的(ぐたいてき)に 教(おし)えて ください。

ナ：すみません。あまり 詳(くわ)しく 聞(き)かないで ください。
　　私(わたし)も まだ 勉強中(べんきょうちゅう)ですから。

山田(やまだ)：あ、ごめんなさい。
　　　　これからは 私(わたし)も AIに 直接(ちょくせつ) 聞(き)きます。

ナ：応援(おうえん)しますよ。
　　AIの おかげで いろいろと 助(たす)かりますね。

야마다: 오늘 프레젠테이션 멋졌어요.
　　　　시간이 상당히 걸렸겠어요.
나민아: 아니요. AI 덕분에 시간이 많이 걸리진 않았어요.
야마다: 그래요? 어떤 AI를 사용했나요?
　　　　구체적으로 가르쳐 주세요.

나민아: 죄송합니다. 너무 자세하게 묻지 마세요.
　　　　저도 아직 공부하는 중이어서요.
야마다: 아, 미안해요. 이제부터는 저도 AI에게 직접 물어볼게요.
나민아: 응원할게요.
　　　　AI 덕분에 여러모로 편해지네요.

🔍 단어

今日(きょう) 오늘 | **プレゼンテーション** 프레젠테이션 | **すばらしい** 훌륭하다, 멋지다 | **相当**(そうとう) 상당히, 꽤 | **時間**(じかん) 시간 | **かかる** 걸리다 | **～でしょう** ~겠지요 | **おかげで** 덕분에 | **そんなに** 그렇게 | **どんな** 어떤 | **使**(つか)う 사용하다 | **具体的**(ぐたいてき)に 구체적으로 | **教**(おし)える 가르치다 | **すみません** 죄송합니다 | **あまり** 너무 | **詳**(くわ)しく 자세히 | **聞**(き)く 묻다, 듣다 | **～ないでください** ~말아 주세요 | **勉強**(べんきょう) 공부 | **～中**(ちゅう) ~중 | **～から** ~이니까 | **ごめんなさい** 미안합니다 | **これから** 이제부터 | **直接**(ちょくせつ) 직접 | **応援**(おうえん) 응원 | **いろいろと** 여러 가지로 | **助**(たす)かる 도움이 되다, 편해지다

GRAMMAR

1 ～ない　　　　　　　　　～(하)지 않다

明日は 学校に 行かない。
少しも 休まない。
アルバイトは しない。

2 ～ないで ください　　　　～(하)지 마세요, ～(하)지 말아 주세요

お酒を 飲まないで ください。
約束を 忘れないで ください。
欠席しないで ください。

3 ～中ですから　　　　　　～중이니까

授業中ですから、静かに して ください。
仕事中ですから、後で 連絡します。
掃除中ですから、入って こないで ください。

4 동사의 부정형(ない형)

Ⅰ그룹 동사 (5단 동사)	어미 う단 → あ단 + ない	行く 가다 話す 이야기하다 待つ 기다리다 死ぬ 죽다 遊ぶ 놀다 読む 읽다 降る (눈, 비) 내리다	➡ 行かない 가지 않다 ➡ 話さない 이야기하지 않다 ➡ 待たない 기다리지 않다 ➡ 死なない 죽지 않다 ➡ 遊ばない 놀지 않다 ➡ 読まない 읽지 않다 ➡ 降らない 내리지 않다
	예외	～う → ～わない 예 会う 만나다	➡ 会わない 만나지 않다
Ⅱ그룹 동사 (상하1단 동사)	어간 + ない	見る 보다 起きる 일어나다 食べる 먹다 寝る 자다	➡ 見ない 보지 않다 ➡ 起きない 일어나지 않다 ➡ 食べない 먹지 않다 ➡ 寝ない 자지 않다
Ⅲ그룹 동사 (불규칙 동사)		来る 오다 する 하다	➡ 来ない 오지 않다 ➡ しない 하지 않다

단어

明日(あした) 내일 | 学校(がっこう) 학교 | 少(すこ)しも 조금도 | 休(やす)む 쉬다 | アルバイト 아르바이트 | お酒(さけ) 술 | 約束(やくそく) 약속 | 忘(わす)れる 잊다 | 欠席(けっせき)する 결석하다 | 授業(じゅぎょう) 수업 | ～中(ちゅう) ~중 | ～ですから ~이니까 | 静(しずか)だ 조용하다 | 仕事(しごと) 업무, 일 | 後(あと)で 나중에 | 連絡(れんらく) 연락 | 掃除(そうじ) 청소 | 入(はい)ってくる 들어오다

GRAMMAR

각 품사의 부정형(ない형)

1. 명사 + ～では[じゃ]ない

学生(がくせい)では[じゃ]ない。　학생이 아니다.
恋人(こいびと)では[じゃ]ない。　애인이 아니다.

2. い형용사 어간 + ～くない

難(むずか)しくない。　어렵지 않다.
安(やす)くない。　싸지 않다.

3. な형용사(형용동사) 어간 + ～では[じゃ]ない

有名(ゆうめい)では[じゃ]ない。　유명하지 않다.
静(しず)かでは[じゃ]ない。　조용하지 않다.

교육 관련

幼稚園(ようちえん) 유치원　　　　幼稚園児(ようちえんじ) 유치원생
小学校(しょうがっこう) 초등학교　　小学生(しょうがくせい) 초등학생
中学校(ちゅうがっこう) 중학교　　中学生(ちゅうがくせい) 중학생
高等学校(こうとうがっこう) 고등학교　高校生(こうこうせい) 고등학생
大学(だいがく) 대학교　　　　　　大学生(だいがくせい) 대학생
大学院(だいがくいん) 대학원　　　大学院生(だいがくいんせい) 대학원생

LET'S TALK

Ⅰ 다음 보기와 같이 연습해 보세요.

MP3 08-2

보기
会(あ)う → 会(あ)わない

1 行(い)く　　　2 話(はな)す　　　3 吸(す)う
4 見(み)る　　　5 来(く)る　　　6 する

Ⅱ 다음 보기와 같이 연습해 보세요.

보기
A: お願(ねが)いが あるんですけど。 B: え、何(なん)ですか。 A: 禁煙室(きんえんしつ)ですから、ここで タバコを 吸(す)わないでください。

1
図書館(としょかん) / ここで 寝(ね)る

2
これは 秘密(ひみつ) / 他(ほか)の人(ひと)に 話(はな)す

3
きれいな 公園(こうえん) / ゴミを 捨(す)てる

4
寒(さむ)い / 窓(まど)を 開(あ)ける

단어　吸(す)う 피우다 ｜ お願(ねが)い 부탁 ｜ ～けど ～지만 ｜ 喫煙室(きつえんしつ) 금연실 ｜ タバコ 담배 ｜ 図書館(としょかん) 도서관 ｜ 寝(ね)る 자다 ｜ 秘密(ひみつ) 비밀 ｜ 他(ほか)の人(ひと) 다른 사람 ｜ きれいだ 예쁘다, 깨끗하다 ｜ 公園(こうえん) 공원 ｜ ゴミを 捨てる 쓰레기를 버리다 ｜ 寒(さむ)い 춥다 ｜ 窓(まど) 창문 ｜ 開(あ)ける 열다

LET'S TALK

Ⅲ 다음 보기와 같이 연습해 보세요.

| 보기 |
A: すみません。
B: え、何ですか。
A: 試験中ですから、隣の人と話さないでください。

1

食事中 / スマホを 見る

2

授業中 / いたずらを する

3

運転中 / お酒を 飲む

4

会議中 / 雑談を する

5

仕事中 / ショッピングを する

단어

試験(しけん) 시험 | ～中(ちゅう) ～중 | 隣(となり) 옆, 이웃 | 人(ひと) 사람 | 話(はな)す 이야기하다 | 食事(しょくじ) 식사 | スマホ 스마트폰 | 見(み)る 보다 | 授業(じゅぎょう) 수업 | いたずらをする 장난치다 | 運転(うんてん) 운전 | お酒(さけ) 술 | 飲(の)む 마시다 | 会議(かいぎ) 회의 | 雑談(ざつだん) 잡담 | 仕事(しごと) 업무, 일 | ショッピング 쇼핑

EXERCISE

다음 빈칸에 알맞은 말을 넣어 보세요.

1 거짓말을 하지 마세요. (うそをつく)

うそ _____

2 여기에서 사진을 찍지 마세요. (写真を撮る)

ここで _____

3 여기에 차를 세우지 마세요. (車を止める)

ここに _____

4 수업에 늦지 마세요. (授業に遅れる)

授業に _____

5 너무 무리하지 마세요. (無理する)

あまり _____

단어

うそをつく 거짓말을 하다 | **写真(しゃしん)** 사진 | **撮(と)る** 찍다 | **車(くるま)** 차 | **止(と)める** 세우다 | **遅(おく)れる** 늦다 | **無理(むり)する** 무리하다

EXERCISE

한자 연습

禁 금할 금
- 음독: きん
- 훈독: 禁(きん)じる 금하다
- 필순: 一 十 木 林 梺 梺 埜 禁 禁

禁 禁 禁 禁 禁 禁

止 그칠 지
- 음독: し
- 훈독: 止(と)める 멈추다 / 止(や)める 그만두다
- 필순: 丨 卜 卜 止

止 止 止 止 止 止

禁止 きんし 금지

禁止 禁止 禁止 禁止 禁止 禁止

禁煙 きんえん 금연

禁煙 禁煙 禁煙 禁煙 禁煙 禁煙

停止 ていし 정지

停止 停止 停止 停止 停止 停止

외래어 연습

タバコ 담배

| タバコ | タバコ | タバコ | タバコ |

パソコン 컴퓨터

| パソコン | パソコン | パソコン | パソコン |

サービス 서비스

| サービス | サービス | サービス | サービス |

FUN & TALK

여러분들이 에티켓 없는 이 사람들 말려 주세요.

すみません。～ないでください。

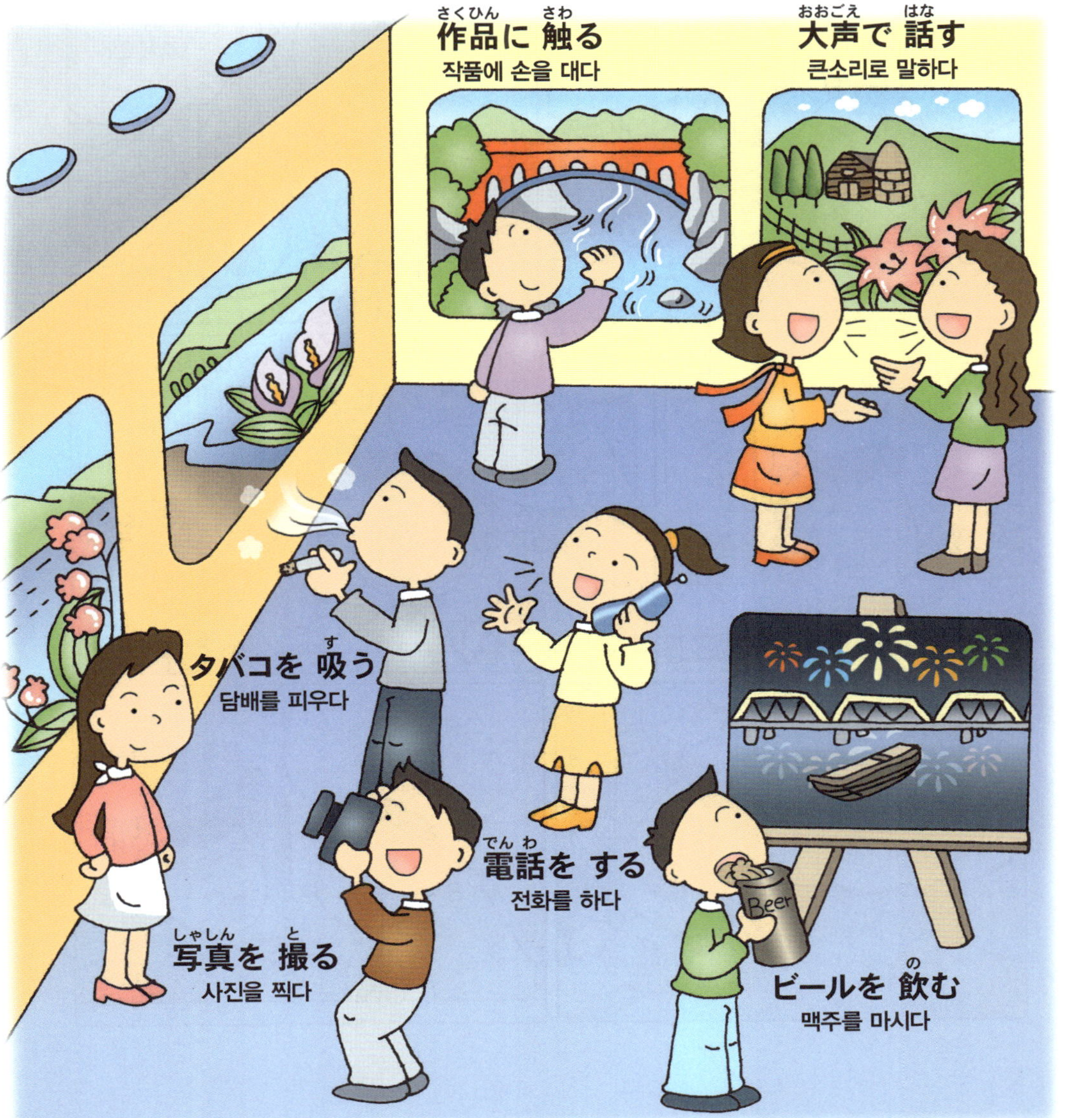

作品に触る
작품에 손을 대다

大声で話す
큰소리로 말하다

タバコを吸う
담배를 피우다

電話をする
전화를 하다

写真を撮る
사진을 찍다

ビールを飲む
맥주를 마시다

LESSON 09

会社を辞めないほうがいいですよ。
회사를 그만두지 않는 편이 좋아요.

Dialogue

姜: 田中さん、ちょっと 悩みが あるんですけど…。

田中: え、何ですか。

姜: この頃 会社を 辞めたくて…。

田中: どうしてですか。

姜: 仕事は きついし、給料は 少ないし…。

田中: でも 簡単に 会社を 辞めないほうが いいですよ。
もっと 考えて 決めたほうが いいと 思います。

姜: この頃 意欲も ないし…。
そろそろ 転職を 考えたほうが…。

田中: じゃ、今晩 居酒屋で 一杯 どうですか。

姜: いいですね。禁酒は 明日から。

강한척: 다나카 씨, 좀 고민이 있는데요.
다나카: 네? 뭔데요?
강한척: 요즘 회사를 그만두고 싶어서…….
다나카: 왜 그러세요?
강한척: 일은 힘들고, 급료는 적고…….
다나카: 하지만 간단히 회사를 그만두지 않는 편이 좋아요. 좀 더 생각하고 결정하는 편이 좋을 것 같아요.
강한척: 요즘 의욕도 없고……. 슬슬 이직을 생각하는 편이…….
다나카: 그럼, 오늘 저녁 선술집에서 한잔 어때요?
강한척: 좋죠. 금주는 내일부터.

단어

悩(なや)み 고민 | ある 있다 | ~けど ~(하)지만 | この頃(ごろ) 요즘 | 辞(や)める 그만두다 | ~たい ~하고 싶다 | どうして 어째서, 왜 | 仕事(しごと) 업무, 일 | きつい 힘들다 | ~し ~하고 | 給料(きゅうりょう) 급료 | 少(すく)ない 적다 | でも 하지만 | 簡単(かんたん)に 간단히 | もっと 좀 더 | 考(かんが)える 생각하다 | 決(き)める 결정하다 | 意欲(いよく) 의욕 | ない 없다 | そろそろ 슬슬 | 転職(てんしょく) 이직 | 今晩(こんばん) 오늘 밤, 오늘 저녁 | 居酒屋(いざかや) 선술집 | ~で ~에서 | 一杯(いっぱい) 한잔 | どうですか 어떻습니까? | 禁酒(きんしゅ) 금주 | 明日(あした) 내일 | ~から ~부터

GRAMMAR

1 〜ないほうがいい　　〜(하)지 않는 편이 좋다
: 동사의 부정형(ない형) + ほうが いい

タバコは 吸わないほうが いいです。

あの 映画は 見ないほうが いいです。

あまり 無理しないほうが いいです。

2 〜と思います　　〜라고 생각합니다

毎日 こつこつ 勉強したほうが いいと 思います。

恋人には 話さないほうが いいと 思います。

なるべく 欠席は しないほうが いいと 思います。

단어

タバコ 담배 | 吸(す)う 피우다 | 映画(えいが) 영화 | 無理(むり)する 무리하다 | 毎日(まいにち) 매일 | こつこつ 차근차근 | 勉強(べんきょう) 공부 | 思(おも)う 생각하다 | 恋人(こいびと) 연인 | 〜には 〜에게는 | 話(はな)す 말하다 | なるべく 가능한 한 | 欠席(けっせき) 결석

❸ 〜たほうがいい

〜(하)는 편이 좋다

: 동사의 과거형(た형) + ほうが いい

バスより 地下鉄(ちかてつ)に 乗(の)ったほうが いいです。
朝(あさ) 早(はや)く 起(お)きたほうが いいです。
毎日(まいにち) 規則的(きそくてき)に 運動(うんどう)したほうが いいです。

❹ 〜てしまう[〜ちゃう]
〜でしまう[〜じゃう]

〜(하)고 말다, 〜해 버리다

忘(わす)れちゃいました。(= てしまいました)
死(し)んじゃいました。(= でしまいました)
遅刻(ちこく)しちゃったんです。(= てしまいました)

🔍 **단어**

バス 버스 | 〜より 〜보다 | 地下鉄(ちかてつ)に 乗(の)る 지하철을 타다 | 朝(あさ) 아침 | 早(はや)く 일찍 | 起(お)きる 일어나다 | 規則的(きそくてき) 규칙적 | 運動(うんどう)する 운동하다 | 忘(わす)れる 잊다 | 死(し)ぬ 죽다 | 遅刻(ちこく)する 지각하다

LET'S TALK

I 다음 보기와 같이 연습해 보세요. 🎧 MP3 09-2

> |보기|
> A: 結婚したほうが いいですか。しないほうが いいですか。
> B: そうですね。私は 結婚したほうが いいと 思います。
> そうですね。私は 結婚しないほうが いいと 思います。

1
留学に 行く

2
お酒を 飲む

3
就職する

4
かさを 持って いく

5
タクシーに 乗る

🔍 단어

結婚(けっこん)する 결혼하다 | **留学(りゅうがく)** 유학 | **就職(しゅうしょく)する** 취직하다 | **かさ** 우산 | **持(も)つ** 가지다 | **タクシーに乗(の)る** 택시를 타다

Ⅱ 다음 보기와 같이 연습해 보세요.

> |보기|
> A: 頭が 痛いんですけど。
> B: そうですか。
> 　　薬を 飲んだほうが いいですよ。

1 熱が あります / 今日は 運動を 休む
2 恋人と けんかした / 仲直りする
3 友達が 入院した / 早く お見舞いに 行く
4 疲れて 何も したくない / あまり 無理しない

Ⅲ 다음 보기와 같이 연습해 보세요.

> |보기|
> A: どうしたんですか。
> B: 大事な お皿を わっちゃったんです。

1 会議に 遅れる
2 財布を 忘れる
3 試験に 落ちる
4 赤字になる

단어

頭(あたま) 머리 | 痛(いた)い 아프다 | 薬(くすり)を 飲(の)む 약을 먹다 | 熱(ねつ)が ある 열이 있다 | けんかする 다투다 | 仲直(なかなお)り 화해 | 入院(にゅういん) 입원 | 早(はや)く 빨리 | お見舞(みま)い 병문안 | 疲(つか)れる 피곤하다 | 何(なに)も 아무것도 | 無理(むり)する 무리하다 | 大事(だいじ)だ 중요하다 | お皿(さら) 접시 | わる 깨다 | 遅(おく)れる 늦다 | 財布(さいふ) 지갑 | 忘(わす)れる 잊다, 잃다 | 試験(しけん)に 落(お)ちる 시험에 떨어지다 | 赤字(あかじ)になる 적자가 되다

EXERCISE

다음 빈칸에 알맞은 말을 넣어 보세요.

❶ 약을 먹고 푹 쉬는 편이 좋습니다. (薬を飲む / ゆっくり休む)

薬を _____、_____

❷ 운전면허를 따는 편이 좋습니다. (運転免許を取る)

運転免許を _____

❸ 무리한 다이어트는 하지 않는 편이 좋습니다. (ダイエット)

無理な _____

❹ 너무 기대하지 않는 편이 좋다고 생각합니다. (期待する)

あまり _____

❺ 중요한 약속을 잊어버리고 말았습니다. (約束 / 忘れる)

重要な _____

薬(くすり)を飲(の)む 약을 먹다 | ゆっくり 천천히, 푹 | 休(やす)む 쉬다 | 運転免許(うんてんめんきょ) 운전면허 | 取(と)る 취득하다, 잡다 | 無理(むり)だ 무리이다 | ダイエット 다이어트 | あまり 너무, 그다지 | 期待(きたい)する 기대하다 | 重要(じゅうよう)だ 중요하다 | 約束(やくそく) 약속 | 忘(わす)れる 잊다

한자 연습

運 읽을 독
- 음독: うん
- 훈독: 運(はこ)ぶ 운반하다

転 구를 전
- 음독: てん
- 훈독: 転(ころ)ぶ 넘어지다

運転 운전 (うん・てん)

運送 운송 (うん・そう)

移転 이전 (い・てん)

외래어 연습

コピー 복사

ファックス 팩스

プリンター 프린터

Lesson 09 | 会社を辞めないほうがいいですよ。

FUN & TALK

다음 그림을 보면서 이야기해 보세요.

～したほうが いいです。
～しないほうが いいです。

きょうしつ   す
教室で タバコを 吸う
교실에서 담배를 피우다

よるおそ   ざんぎょう
夜遅くまで 残業する
밤늦게까지 야근하다

いっしょうけんめい べんきょう
一生懸命 勉強する
열심히 공부하다

まいにち さん ぽ
毎日 散歩する
매일 산책하다

一人で 旅行に 行く
혼자서 여행 가다

酔うまで お酒を 飲む
취할 때까지 술을 마시다

道ばたに ゴミを 捨てる
길가에 쓰레기를 버리다

隣の人に 迷惑を かける
옆 사람에게 피해를 주다

バスの中で 大声で 話す
버스 안에서 큰 소리로 말하다

試験中に カンニングする
시험 중에 커닝하다

うきうき
우 키 우 키   일 본 어
해석 및 정답

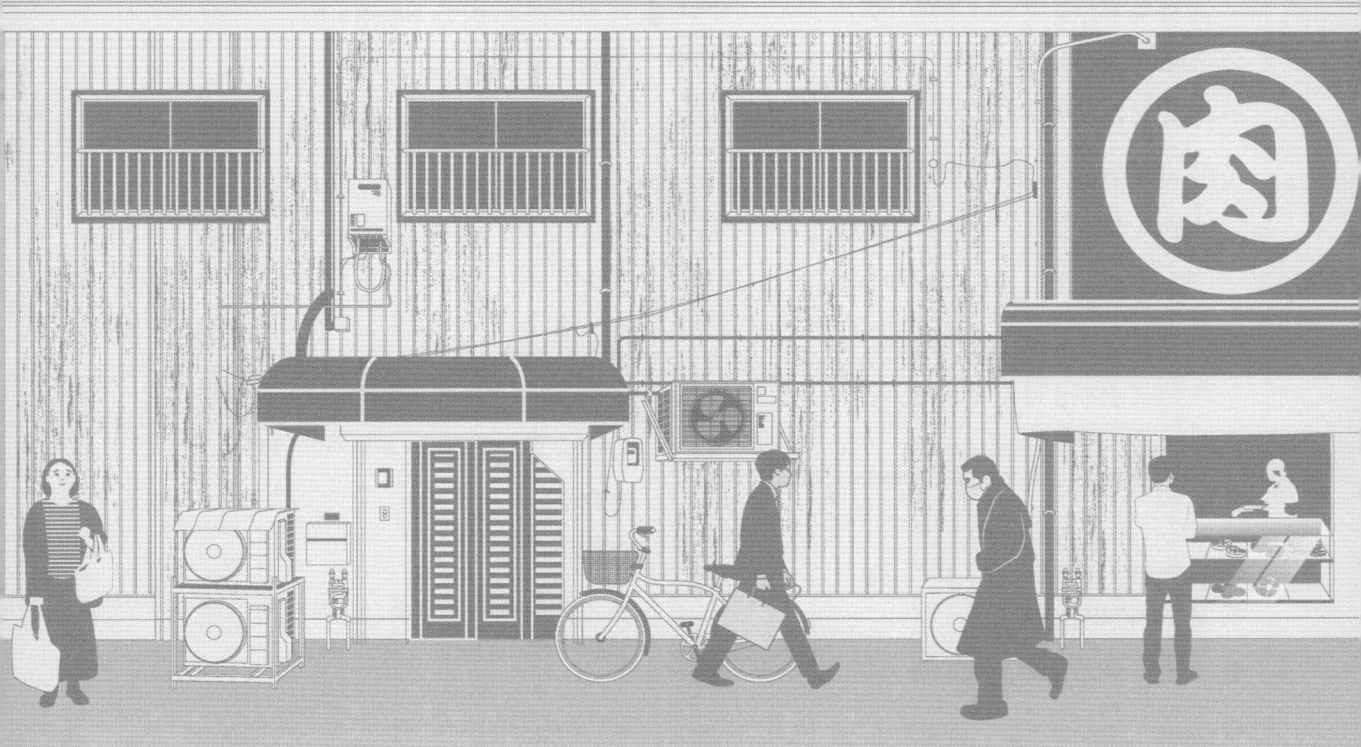

해석

LESSON 01
暇な時、何をしますか。

GRAMMAR

3 ～ます ~(합)니다
会社へ行きます。 회사에 갑니다.
ご飯を食べます。 밥을 먹습니다.
勉強をします。 공부를 합니다.

4 ～ません ~(하)지 않습니다
会社へ行きません。 회사에 가지 않습니다.
ご飯を食べません。 밥을 먹지 않습니다.
勉強をしません。 공부를 하지 않습니다.

5 ～ました ~(했)습니다
友達に会いました。 친구를 만났습니다.
映画を見ました。 영화를 보았습니다.
デートをしました。 데이트를 했습니다.

6 ～ませんでした ~(하)지 않았습니다
友達に会いませんでした。
친구를 만나지 않았습니다.
映画を見ませんでした。 영화를 보지 않았습니다.
デートをしませんでした。
데이트를 하지 않았습니다.

7 동사와 자주 쓰이는 조사
❶ 新聞を読みます。 신문을 읽습니다.
❷ 友達と遊びます。 친구와 놉니다.
❸ 学校へ行きます。 학교에 갑니다.
❹ 海で泳ぎます。 바다에서 수영합니다.
ボールペンで書きます。 볼펜으로 씁니다.
❺ 朝6時に起きます。 아침 6시에 일어납니다.
友達に会います。 친구를 만납니다.

LESSON 02
今度の週末に遊びに行きませんか。

GRAMMAR

1 목적 표현
❶ 食事に行きます。 식사하러 갑니다.
ドライブに行きます。 드라이브하러 갑니다.
スキーに行きます。 스키를 타러 갑니다.
❷ 泳ぎに行きます。 수영하러 갑니다.
遊びに来ます。 놀러 옵니다.
会いに行きます。 만나러 갑니다.

2 ～し ~(하)고
彼はハンサムだし、頭もいいです。
그는 잘생겼고 머리도 좋습니다.
お金もないし、時間もないです。
돈도 없고 시간도 없습니다.
あの店は安くておいしいし、雰囲気も
いいです。 저 가게는 싸고 맛있고 분위기도 좋습니다.

3 권유 표현
1. ～ませんか
ちょっとお茶でも飲みませんか。
잠깐 차라도 마시지 않겠습니까?
いっしょに散歩でもしませんか。
함께 산책이라도 하지 않겠습니까?
少し休みませんか。 조금 쉬지 않겠습니까?

2. **～に行きませんか**

   ドライブに行きませんか。
   드라이브하러가지않겠습니까?

   お酒を飲みに行きませんか。
   술을 마시러가지않겠습니까?

   遊びに行きませんか。 놀러가지않겠습니까?

3. **～ましょう**

   ちょっと休みましょう。 잠깐쉽시다.

   いっしょに遊びましょう。 함께놉시다.

   一生懸命勉強しましょう。 열심히 공부합시다.

4. **～ましょうか**

   ちょっと休みましょうか。 잠깐쉴까요?

   いっしょに遊びましょうか。 함께놀까요?

   コーヒーでも飲みましょうか。
   커피라도 마실까요?

LESSON 03
おいしい冷麺が食べたいです。

GRAMMAR

1 희망표현

1. **～たい**

   日本へ行きたいです。 일본에가고싶습니다.

   少し休みたいです。 조금 쉬고싶습니다.

   結婚したいです。 결혼하고싶습니다.

2. **～たくない**

   学校に行きたくないです。
   학교에가고싶지 않습니다.

   焼酎は飲みたくないです。
   소주는 마시고싶지 않습니다.

   何も食べたくないです。 아무것도 먹고싶지 않습니다.

3. **～がほしい**

   かわいい犬がほしいです。
   귀여운 강아지를 갖고 싶습니다.

   デジタルカメラがほしいです。
   디지털카메라를 갖고 싶습니다.

   すてきな恋人がほしいです。
   멋진 연인을 원합니다.

4. **～になりたい**

   いい先生になりたいです。
   좋은 선생님이 되고싶습니다.

   有名なデザイナーになりたいです。
   유명한 디자이너가 되고싶습니다.

   立派な社会人になりたいです。
   훌륭한 사회인이 되고싶습니다.

변화에 대한 희망 표현

1. 歌手になりたいです。 가수가되고싶습니다.

   医者になりたいです。 의사가되고싶습니다.

2. 美しくなりたいです。 아름다워지고싶습니다.

   若くなりたいです。 젊어지고싶습니다.

3. 有名になりたいです。 유명해지고싶습니다.

   日本語が上手になりたいです。
   일본어를 잘하고싶습니다.

LESSON 04
地下鉄駅まで歩いて行きます。

GRAMMAR

1 ～て ~(하)고, ~해서

   朝起きて、顔を洗います。
   아침에 일어나서 얼굴을 씻습니다.

   顔を洗ってご飯を食べます。
   얼굴을 씻고 밥을 먹습니다.

   バスに乗って会社へ行きます。
   버스를 타고 회사에 갑니다.

2 **〜てください** ~해주세요

ここに住所を書いてください。
여기에 주소를 써 주세요.

パスポートを見せてください。
여권을 보여 주세요.

もう一度説明してください。
한 번 더 설명해 주세요.

3 **〜ながら** ~하면서

テレビを見ながらご飯を食べます。
텔레비전을 보면서 밥을 먹습니다.

音楽を聞きながらコーヒーを飲みます。
음악을 들으면서 커피를 마십니다.

ギターを弾きながら歌を歌います。
기타를 치면서 노래를 부릅니다.

LESSON 05
山田さんはアマゾンを知っていますか。

GRAMMAR

1 **〜ています** ~(하)고 있습니다

1. **현재진행동작**

レポートを書いています。 리포트를 쓰고 있습니다.

歌を歌っています。 노래를 부르고 있습니다.

インターネットをしています。
인터넷을 하고 있습니다.

2. **자세, 표정**

立っています。 서 있습니다.

座っています。 앉아 있습니다.

笑っています。 웃고 있습니다.

3. **옷차림, 착용**

眼鏡をかけています。 안경을 쓰고 있습니다.

スーツを着ています。 정장을 입고 있습니다.

スカーフをしています。 스카프를 하고 있습니다.

- バックをかけている 가방을 메고 있다
- ブラウスを着ている 블라우스를 입고 있다
- スカートをはいている 치마를 입고 있다
- スカーフをしている 스카프를 하고 있다
- 時計をしている 시계를 차고 있다
- ぼうしをかぶっている 모자를 쓰고 있다
- 眼鏡をかけている 안경을 쓰고 있다
- ネクタイをしめている 넥타이를 매고 있다
- スーツを着ている 정장을 입고 있다
- くつをはいている 신발을 신고 있다
- かばんを持っている 가방을 들고 있다

4. **날씨, 사물의 상태**

雨が降っています。 비가 내리고 있습니다.

窓が開いています。 창문이 열려 있습니다.

風が吹いています。 바람이 불고 있습니다.

5. **직업, 거주지**

教師をしています。 교사를 하고 있습니다.

銀行に勤めています。 은행에 근무하고 있습니다.

ソウルに住んでいます。 서울에 살고 있습니다.

2 **〜ている+명사** ~(하)고 있는

眼鏡をかけている人が先生です。
안경을 쓰고 있는 사람이 선생님입니다.

スーツを着ている人が山田さんです。
정장을 입고 있는 사람이 야마다 씨입니다.

本を読んでいる人は中村さんです。
책을 읽고 있는 사람은 나카무라 씨입니다.

LESSON 06
妹さんは田中さんに似ていますか。

GRAMMAR

1 **何人兄弟ですか** 형제가 몇 명이에요?

何人家族ですか。 가족이 몇 명이에요?

何人兄弟ですか。 형제가 몇 명이에요?

ご家族は何人ですか。 가족은 몇 명이에요?
→ 四人家族です。 4명 가족이에요.

2 **おいくつですか** 몇 살이에요?

失礼ですけど、おいくつですか。
실례지만, 몇 살입니까?
→ 今年で２９歳になります。
올해 29살이 됩니다.
→ ３５です。 35살입니다.

3 **〜に似ている** ~을/를 닮다

父に似ています。 아버지를 닮았습니다.
母に似ています。 어머니를 닮았습니다.
だれにも似ていません。 아무도 닮지 않았습니다.

4 **結婚している** 결혼한 상태

失礼ですが、結婚していますか。
실례지만, 결혼하셨나요?
妹はもう結婚しています。
여동생은 이미 결혼했습니다.
兄はまだ結婚していません。
형은 아직 결혼하지 않았습니다.

LESSON 07
日本に行ったことがありますか。

GRAMMAR

1 **〜た** ~했다

昨日友達に会った。 어제 친구를 만났다.
友達といっしょに遊んだ。 친구와 함께 놀았다.
一生懸命勉強した。 열심히 공부했다.

2 **〜たことがある** ~한 적이 있다

有名なタレントに会ったことがあります。 유명한 탤런트를 만난 적이 있습니다.
飛行機に乗ったことがあります。
비행기를 탄 적이 있습니다.
日本へ出張に行ったことがあります。
일본으로 출장 간 적이 있습니다.

3 **〜んです** ~이랍니다, ~이거든요

私の大切な人なんです。 제 소중한 사람이랍니다.
日本に行ったことがないんです。
일본에 간 적이 없거든요.
ここは本当に交通が便利なんです。
여기는 정말 교통이 편리하거든요.

LESSON 08
あまり詳しく聞かないでください。

GRAMMAR

1 **〜ない** ~(하)지 않다

明日は学校に行かない。 내일은 학교에 가지 않는다.
少しも休まない。 조금도 쉬지 않는다.
アルバイトはしない。 아르바이트는 하지 않는다.

2 **〜ないでください** ~(하)지 마세요, ~(하)지 말아 주세요

お酒を飲まないでください。 술을 마시지 마세요.
約束を忘れないでください。 약속을 잊지 마세요.
欠席しないでください。 결석하지 말아 주세요.

3 〜中ですから　~중이니까

授業中ですから、静かにしてください。
수업 중이니까 조용히 해주세요.

仕事中ですから、後で連絡します。
업무 중이니까 나중에 연락하겠습니다.

掃除中ですから、入ってこないでください。
청소 중이니까 들어오지 말아주세요.

4 〜てしまう[〜ちゃう]/〜でしまう[〜じゃう]
~(하)고 말다, ~해 버리다

忘れちゃいました。(=てしまいました)
잊어버렸습니다.

死んじゃいました。(=でしまいました)
죽고 말았습니다.

遅刻しちゃったんです。(=てしまいました)
지각하고 말았습니다.

LESSON 09
会社を辞めないほうがいいですよ。

GRAMMAR

1 〜ないほうがいい　~(하)지 않는 편이 좋다

タバコは吸わないほうがいいです。
담배는 피우지 않는 편이 좋습니다.

あの映画は見ないほうがいいです。
그 영화는 보지 않는 편이 좋습니다.

あまり無理しないほうがいいです。
너무 무리하지 않는 편이 좋습니다.

2 〜と思います　~라고 생각합니다

毎日こつこつ勉強したほうがいいと思います。
매일 꾸준히 공부하는 것이 좋다고 생각합니다.

恋人には話さないほうがいいと思います。
연인에게는 말하지 않는 편이 좋다고 생각합니다.

なるべく欠席はしないほうがいいと思います。
가능한 한 결석은 하지 않는 편이 좋다고 생각합니다.

3 〜たほうがいい　~(하)는 편이 좋다

バスより地下鉄に乗ったほうがいいです。
버스보다 지하철을 타는 편이 좋습니다.

朝早く起きたほうがいいです。
아침 일찍 일어나는 편이 좋습니다.

毎日規則的に運動したほうがいいです。
매일 규칙적으로 운동하는 편이 좋습니다.

정답

LESSON 01
暇な時、何をしますか。

LET'S TALK

Ⅰ
1. A: 学校に行きますか。 학교에 갑니까?
   B: はい、学校に行きます。 네, 학교에 갑니다.
2. A: コーヒーを飲みますか。 커피를 마십니까?
   B: いいえ、コーヒーを飲みません。
   아뇨, 커피를 마시지 않습니다.
3. A: 日本語で話しますか。 일본어로 이야기합니까?
   B: はい、日本語で話します。
   네, 일본어로 이야기합니다.
4. A: 朝早く起きますか。
   아침 일찍 일어납니까?
   B: いいえ、朝早く起きません。
   아뇨, 아침 일찍 일어나지 않습니다.
5. A: 運転をしますか。 운전을 합니까?
   B: はい、運転をします。 네, 운전을 합니다.

Ⅱ
1. A: 昨日早く家に帰りましたか。
   어제 일찍 집에 돌아갔습니까?
   B: はい、早く家に帰りました。
   네, 일찍 집에 돌아갔습니다.
2. A: 昨日飲み屋へ行きましたか。
   어제 술집에 갔습니까?
   B: いいえ、飲み屋へ行きませんでした。
   아뇨, 술집에 가지 않았습니다.
3. A: 昨日映画を見ましたか。
   어제 영화를 보았습니까?
   B: はい、映画を見ました。
   네, 영화를 보았습니다.
4. A: 昨日デートをしましたか。
   어제 데이트를 했습니까?
   B: はい、デートをしました。
   네, 데이트를 했습니다.
5. A: 昨日友達は来ましたか。
   어제 친구는 왔습니까?
   B: いいえ、友達は来ませんでした。
   아뇨, 친구는 오지 않았습니다.

EXERCISE

1. 日本に行きます。
2. 日本語で話します。
3. お酒は飲みません。
4. 友達に会いました。
5. 勉強をしませんでした。

LESSON 02
今度の週末に遊びに行きませんか。

LET'S TALK

Ⅰ
1. A: 明日いっしょにスキーに行きませんか。
   내일 같이 스키 타러 가지 않을래요?
   B: いいですね。では明日。
   좋아요. 그럼, 내일 봐요.
2. A: 明日いっしょにドライブに行きませんか。 내일 같이 드라이브하러 가지 않을래요?
   B: いいですね。では明日。
3. A: 明日いっしょに映画を見に行きませんか。 내일 같이 영화 보러 가지 않을래요?
   B: いいですね。では明日。

4 A: 明日いっしょにお酒を飲みに行きませんか。 내일 같이 술 마시러 가지 않을래요?

B: いいですね。では明日。

5 A: 明日いっしょに泳ぎに行きませんか。 내일 같이 수영하러 가지 않을래요?

B: いいですね。では明日。

Ⅱ

1 A: 何か飲みましょうか。 뭔가 마실까요?

B: いいですね。じゃ、ビールを飲みましょう。 좋아요. 그럼, 맥주를 마십시다.

2 A: 何か食べましょうか。 뭔가 먹을까요?

B: いいですね。じゃ、おすしを食べましょう。 좋아요. 그럼, 스시를 먹읍시다.

3 A: どこかショッピングに行きましょうか。 어디 쇼핑하러 갈까요?

B: いいですね。じゃ、明洞へ行きましょう。 좋아요. 그럼, 명동에 갑시다.

4 A: どこか遊びに行きましょうか。 어디 놀러 갈까요?

B: いいですね。じゃ、ロッテワールドに行きましょう。 좋아요. 그럼, 롯데월드에 갑시다.

EXERCISE

1 食事に行きませんか。

2 一生懸命勉強しましょう。

3 お茶でも飲みましょうか。

4 あのレストランは料理もおいしいし、サービスもいいです。

5 あのデパートは交通も便利だし、品物も多いです。

LESSON 03
おいしい冷麺が食べたいです。

LET'S TALK

Ⅰ

1 A: 日本語で話したいですか。 일본어로 이야기하고 싶습니까?

B: はい、日本語で話したいです。 네, 일본어로 이야기하고 싶습니다.

いいえ、日本語で話したくないです。 아니요, 일본어로 이야기하고 싶지 않습니다.

2 A: 友達と遊びたいですか。 친구와 놀고 싶습니까?

B: はい、友達と遊びたいです。 네, 친구와 놀고 싶습니다.

いいえ、友達と遊びたくないです。 아니요, 친구와 놀고 싶지 않습니다.

3 A: 早く家に帰りたいですか。 빨리 집에 돌아가고 싶습니까?

B: はい、早く家に帰りたいです。 네, 빨리 집에 돌아가고 싶습니다.

いいえ、早く家に帰りたくないです。 아니요, 빨리 집에 돌아가고 싶지 않습니다.

4 A: 恋人と別れたいですか。 애인과 헤어지고 싶습니까?

B: はい、別れたいです。 예, 헤어지고 싶습니다.

いいえ、別れたくないです。 아뇨, 헤어지고 싶지 않습니다.

5 A: 残業したいですか。 야근하고 싶습니까?

B: はい、残業したいです。 예, 야근하고 싶습니다.

いいえ、残業したくないです。 아뇨, 야근하고 싶지 않습니다.

Ⅱ

1 A: 今何が一番ほしいですか。 지금 가장 무엇을 갖고 싶습니까?

B: カメラが一番ほしいです。
저는 카메라를 가장 갖고 싶습니다.

2 A: 今何が一番食べたいですか。
지금 무엇을 가장 먹고 싶어요?
B: ケーキが一番食べたいです。
케이크가 가장 먹고 싶어요.

3 A: 今何が一番飲みたいですか。
지금 무엇을 가장 마시고 싶어요?
B: ビールが一番飲みたいです。
맥주를 가장 마시고 싶어요.

4 A: どこへ一番行きたいですか。
어디에 가장 가고 싶어요?
B: ヨーロッパに一番行きたいです。
유럽에 가장 가고 싶어요.

EXERCISE

1 いい会社に就職したいです。
2 彼女と会いたいです。
3 今日は何もしたくありません。
4 最新型のスマホがほしいです。
5 立派な先生になりたいです。

LESSON 04
地下鉄駅まで歩いて行きます。

LET'S TALK

I

1 A: これから何をしますか。
이제부터 무엇을 할거예요?
B: 地下鉄に乗って会社に行きます。
지하철을 타고 회사에 갈거예요.

2 A: これから何をしますか。
B: コーヒーを飲んで仕事を始めます。
커피를 마시고 일을 시작할거예요.

3 A: これから何をしますか。
B: 友達に会って食事をします。
친구를 만나 식사를 할거예요.

4 A: これから何をしますか。
B: 家に帰ってシャワーを浴びます。
집에 가서 샤워를 할거예요.

5 A: これから何をしますか。
B: シャワーを浴びて寝ます。
샤워를 하고 잘거예요.

II

1 すみません。授業中ですから、ちょっと静かにしてください。
죄송합니다만, 수업중이니까 조용히 해주세요.

2 すみません。高いですから、ちょっと安くしてください。
죄송합니다만, 비싸니까 싸게 해주세요.

3 すみません。忙しいですから、ちょっと手伝ってください。
죄송합니다만, 바쁘니까 좀 도와주세요.

4 すみません。分からないですから、ちょっと教えてください。
죄송합니다만, 이해가 안 되니까 좀 가르쳐주세요.

5 すみません。よく聞こえないですから、ちょっと大きい声で言ってください。
죄송합니다만, 잘 들리지 않으니까, 좀 큰 소리로 말씀해주세요.

III

1 A: 音楽を聞きながら何をしますか。
음악을 들으면서 무엇을 하나요?
B: 音楽を聞きながら勉強します。
음악을 들으면서 공부합니다.

2 A: 歌を歌いながら何をしますか。
노래를 부르면서 무엇을 하나요?
B: 歌を歌いながら踊りを踊ります。
노래를 부르면서 춤을 춥니다.

3 A: コーヒーを飲みながら何をしますか。
커피를 마시면서 무엇을 하나요?

B: コーヒーを飲みながら新聞を読みます。
커피를 마시면서 신문을 읽습니다.

4　A: 本を見ながら何をしますか。
책을 보면서 무엇을 합니까?
B: 本を見ながら料理をします。
책을 보면서 요리를 합니다.

5　A: ポップコーンを食べながら何をしますか。
팝콘을 먹으면서 무엇을 합니까?
B: ポップコーンを食べながら映画を見ます。
팝콘을 먹으면서 영화를 봅니다.

EXERCISE

1　図書館へ行って勉強します。
2　電話して予約をします。
3　メールを送ってください。
4　今早く来てください。
5　コーラを飲みながらピザを食べます。

LESSON 05
山田さんはアマゾンを知っていますか。

LET'S TALK

Ⅰ

1　A: 今何をしていますか。 지금 무엇을 하고 있습니까?
　　B: 友達と話しています。 친구와 이야기하고 있습니다.

2　A: 今何をしていますか。
　　B: 歌を歌っています。 노래를 부르고 있습니다.

3　A: 今何をしていますか。
　　B: 本を読んでいます。 책을 읽고 있습니다.

4　A: 今何をしていますか。
　　B: 仕事をしています。 일을 하고 있습니다.

5　A: 今何をしていますか。
　　B: デートをしています。 데이트를 하고 있습니다.

Ⅱ

1　A: 金さんはどの人ですか。 김씨는 누구입니까?
　　B: 眼鏡をかけている人です。
　　안경을 끼고 있는 사람입니다.

2　A: 中村さんはどの人ですか。
　　나카무라 씨는 누구입니까?
　　B: ミニスカートをはいている人です。
　　미니스커트를 입고 있는 사람입니다.

3　A: 田中さんはどの人ですか。
　　다나카씨는 누구입니까?
　　B: 帽子をかぶっている人です。
　　모자를 쓰고 있는 사람입니다.

4　A: 吉田さんはどの人ですか。
　　요시다 씨는 누구입니까?
　　B: ジュースを飲んでいる人です。
　　주스를 마시고 있는 사람입니다.

5　A: 鈴木さんはどの人ですか。
　　스즈키 씨는 누구입니까?
　　B: 笑っている人です。
　　웃고 있는 사람입니다.

Ⅲ

1　A: 失礼ですが、中村さんのお仕事は?
　　실례합니다만, 나카무라씨의 일은?
　　B: 銀行に勤めています。 은행에 근무하고 있습니다.

2　A: 失礼ですが、金さんのお仕事は?
　　실례합니다만, 야마다 씨의 일은?
　　B: 商社に勤めています。 상사에 근무하고 있습니다.

3　A: 失礼ですが、田中さんのお仕事は?
　　실례합니다만, 다나카씨의 일은?
　　B: 郵便局に勤めています。
　　우체국에 근무하고 있습니다.

4 A: 失礼ですが、朴さんのお仕事は?
실례합니다만, 박씨의 일은?
B: 病院に勤めています。 병원에 근무하고 있습니다.

EXERCISE

1 日本語を習っています。
2 映画を見ています。
3 雪が降っています。
4 病院に勤めています。
5 運転している人は山田さんです。

LESSON 06
妹さんは田中さんに似ていますか。

LET'S TALK

Ⅰ

1 A: ご家族は何人ですか。／
何人家族ですか。 가족(분)은 몇 명이세요?
B: 母と父と私、3人家族です。
어머니와 아버지, 저, 3명입니다.

2 A: ご家族は何人ですか。／
何人家族ですか。
B: 父と母と弟と私、4人家族です。
아버지와 어머니, 남동생과 저, 4명입니다.

3 A: ご家族は何人ですか。／
何人家族ですか。
B: 祖父と祖母と父と母と兄と私、6人家族です。
할아버지, 할머니, 아버지, 어머니, 형과 저, 6명입니다.

4 A: ご家族は何人ですか。／
何人家族ですか。
B: 両親と姉と妹と私、5人家族です。
부모님과 누나 여동생, 저, 5명입니다.

Ⅱ

1 A: 金さんはだれに似ていますか。
김 씨는 누구를 닮았습니까?
B: 父に似ています。 아버지를 닮았습니다.

2 A: 田中さんはだれに似ていますか。
다나카 씨는 누구를 닮았습니까?
B: 兄に似ています。 형을 닮았습니다.

3 A: 朴さんはだれに似ていますか。
박 씨는 누구를 닮았습니까?
B: 姉に似ています。 누나를 닮았습니다.

4 A: 中村さんはだれに似ていますか。
나카무라 씨는 누구를 닮았습니까?
B: だれにも似ていません。
아무도 닮지 않았습니다.

Ⅲ

1 A: 失礼ですが、お父さんはおいくつですか。 실례합니다만, 아버지는 몇 살이세요?
B: 父は６３歳です。 아버지는 63세입니다.

2 A: 失礼ですが、お兄さんはおいくつですか。 실례합니다만, 형님은 몇 살이세요?
B: 兄は３４歳です。 형은 34세입니다.

3 A: 失礼ですが、弟さんはおいくつですか。
실례합니다만, 남동생은 몇 살이에요?
B: 弟は２７歳です。 남동생은 27세입니다.

4 A: 失礼ですが、妹さんはおいくつですか。
실례합니다만, 여동생은 몇 살이에요?
B: 妹は２４歳です。 여동생은 24세입니다.

EXERCISE

1 家族は何人ですか。／何人家族ですか。
2 失礼ですが、おいくつですか。
3 山田さんはだれに似ていますか。

4 私は母に似ています。
5 弟はまだ結婚していません。

LESSON 07
日本に行ったことがありますか。

LET'S TALK

Ⅰ

1 A: 日本のドラマを見たことがありますか。
일본 드라마를 본 적이 있습니까?

　B: はい、見たことがあります。
네, 본 적이 있습니다.

　　いいえ、見たことがありません。
아뇨, 본 적이 없습니다.

2 A: 納豆を食べたことがありますか。
낫토를 먹은 적이 있습니까?

　B: はい、食べたことがあります。
네, 먹은 적이 있습니다.

　　いいえ、食べたことがありません。
아뇨, 먹은 적이 없습니다.

3 A: 病院に入院したことがありますか。
병원에 입원한 적이 있습니까?

　B: はい、入院したことがあります。
네, 입원한 적이 있습니다.

　　いいえ、入院したことがありません。
아뇨, 입원한 적이 없습니다.

4 A: カンニングしたことがありますか。
커닝을 한 적이 있습니까?

　B: はい、カンニングしたことがあります。
네, 커닝한 적이 있습니다.

　　いいえ、カンニングしたことがありません。
아뇨, 커닝한 적이 없습니다.

5 A: 電車の中で居眠りしたことがありますか。
전철에서 졸았던 적이 있습니까?

　B: はい、居眠りしたことがあります。
네, 졸았던 적이 있습니다.

　　いいえ、居眠りしたことがありません。
아뇨, 졸았던 적이 없습니다.

Ⅱ

1 A: 飛行機に乗ったことがありますか。
비행기를 탄 적이 있습니까?

　B: いいえ、飛行機に乗ったことはありませんが、船に乗ったことはあります。
아니요, 비행기를 탄 적은 없습니다만, 배를 탄 적은 있습니다.

2 A: 東京に行ったことがありますか。
도쿄에 간 적이 있습니까?

　B: いいえ、東京に行ったことはありませんが、大阪に行ったことはあります。
아니요, 도쿄에 간 일은 없습니다만, 오사카는 간 적이 있습니다.

3 A: 日本人とデートしたことがありますか。
일본인과 데이트한 적이 있습니까?

　B: いいえ、日本人とデートしたことはありませんが、インターネットでチャットしたことはあります。
아니요, 일본인과 데이트한 적은 없습니다만, 인터넷으로 채팅한 적은 있습니다.

4 A: 授業に欠席したことがありますか。
수업에 결석한 적이 있습니까?

　B: いいえ、授業に欠席したことはありませんが、遅刻したことはあります。
아니요, 수업에 결석한 적은 없습니다만, 지각한 일은 있습니다.

5 A: 焼酎を飲んだことがありますか。
소주를 마신 적이 있습니까?

　B: いいえ、焼酎を飲んだことはありませんが、ビールを飲んだことはあります。
아니요, 소주를 마신 적은 없습니다만, 맥주를 마신 적은 있습니다.

Ⅲ

1 A: 旅行は楽しかったですか。
여행은 즐거웠어요?

　B: はい、楽しかったです。
네, 즐거웠어요.

2 A: 料理はおいしかったですか。
요리는 맛있었어요?
B: はい、おいしかったです。
네, 맛있었어요.

3 A: 景色はきれいでしたか。 경치는 예뻤어요?
B: はい、きれいでした。 네, 예뻤어요.

4 A: 店員は親切でしたか。 점원은 친절했어요?
B: いいえ、親切じゃありませんでした。
아뇨, 친절하지 않았어요.

5 A: 交通は便利でしたか。 교통은 편리했어요?
B: いいえ、便利じゃありませんでした。
아뇨, 편리하지 않았어요.

EXERCISE

1 日本の小説を読んだことがあります。
2 入学試験に落ちたことがあります。
3 重要な約束を忘れたことがあります。
4 一度も日本に行ったことがありません。
5 一度も欠席したことがありません。

LESSON 08
あまり詳しく聞かないでください。

LET'S TALK

I
1 行く → 行かない
2 話す → 話さない
3 吸う → 吸わない
4 見る → 見ない
5 来る → 来ない
6 する → しない

II
1 A: お願いがあるんですけど。 부탁이 있는데요.
B: え、何ですか。 네, 뭔데요?
A: 図書館ですから、ここで寝ないでください。 도서관이니까 여기서 자지 마세요.

2 A: お願いがあるんですけど。
B: え、何ですか。
A: これは秘密ですから、他の人に話さないでください。
이것은 비밀이니까 다른 사람에게 이야기하지 마세요.

3 A: お願いがあるんですけど。
B: え、何ですか。
A: きれいな公園ですから、ゴミを捨てないでください。 깨끗한 공원이니까 쓰레기를 버리지 마세요.

4 A: お願いがあるんですけど。
B: え、何ですか。
A: 寒いですから、窓を開けないでください。 추우니까 창문을 열지 마세요.

III
1 A: すみません。 저기요.
B: え、何ですか。 네, 뭔데요?
A: 食事中ですから、スマホを見ないでください。 식사 중이니까 스마트폰을 보지 마세요.

2 A: すみません。
B: え、何ですか。
A: 授業中ですから、いたずらをしないでください。 수업 중이니까 장난치지 마세요.

3 A: すみません。
B: え、何ですか。
A: 運転中ですから、お酒を飲まないでください。 운전 중이니까 술을 마시지 마세요.

4 **A:** すみません。

B: え、何ですか。

A: 会議中ですから、雑談をしないでください。 회의 중이니까 잡담을 하지 마세요.

5 **A:** すみません。

B: え、何ですか。

A: 仕事中ですから、ショッピングをしないでください。 업무 중이니까 쇼핑을 하지 마세요.

EXERCISE

1 うそをつかないでください。
2 ここで写真を撮らないでください。
3 ここに車を止めないでください。
4 授業に遅れないでください。
5 あまり無理しないでください。

LESSON 09
会社を辞めないほうがいいですよ。

LET'S TALK

I

1 **A:** 留学に行ったほうがいいですか。行かないほうがいいですか。
  유학가는 편이 좋아요? 가지 않는 편이 좋아요?

B: そうですね。私は留学に行ったほうがいいと思います。
  글쎄요. 저는 유학가는 편이 좋다고 생각해요.

そうですね。私は留学に行かないほうがいいと思います。
  글쎄요. 저는 유학가지 않는 편이 좋다고 생각해요.

2 **A:** お酒を飲んだほうがいいですか。飲まないほうがいいですか。
  술을 마시는 편이 좋아요? 마시지 않는 편이 좋아요?

B: そうですね。私はお酒を飲んだほうがいいと思います。
  글쎄요. 저는 술을 마시는 편이 좋다고 생각해요.

そうですね。私はお酒を飲まないほうがいいと思います。
  글쎄요. 저는 술을 마시지 않는 편이 좋다고 생각해요.

3 **A:** 就職したほうがいいですか。しないほうがいいですか。
  취직하는 편이 좋아요? 하지 않는 편이 좋아요?

B: そうですね。私は就職したほうがいいと思います。
  글쎄요. 저는 취직하는 편이 좋다고 생각해요.

そうですね。私は就職しないほうがいいと思います。
  글쎄요. 저는 취직하지 않는 편이 좋다고 생각해요.

4 **A:** かさを持っていったほうがいいですか。持っていかないほうがいいですか。
  우산을 가져가는 편이 좋아요? 가져가지 않는 편이 좋아요?

B: そうですね。私は持っていったほうがいいと思います。
  글쎄요. 저는 가져가는 편이 좋다고 생각해요.

そうですね。私は持っていかないほうがいいと思います。
  글쎄요. 저는 가져가지 않는 편이 좋다고 생각해요.

5 **A:** タクシーに乗ったほうがいいですか。乗らないほうがいいですか。
  택시를 타는 편이 좋아요? 타지 않는 편이 좋아요?

B: そうですね。私はタクシーに乗ったほうがいいと思います。
  글쎄요. 저는 택시를 타는 편이 좋다고 생각해요.

そうですね。私はタクシーに乗らないほうがいいと思います。
  글쎄요. 저는 택시를 타지 않는 편이 좋다고 생각해요.

Ⅱ

1 **A:** 熱がありますけど。 열이 있는데요.
   B: そうですか。今日は運動を休んだほうがいいですよ。 그래요? 오늘은 운동을 쉬는 게 좋겠어요.

2 **A:** 恋人とけんかしたんですけど。 애인과 다퉜는데요.
   B: そうですか。仲直りしたほうがいいですよ。 그래요? 화해하는 편이 좋겠어요.

3 **A:** 友達が入院したんですけど。 친구가 입원했어요.
   B: そうですか。早くお見舞いに行ったほうがいいですよ。 그래요? 빨리 문병가는 편이 좋겠어요.

4 **A:** 疲れて何もしたくないんですけど。 피곤해서 아무것도 하고 싶지 않은데요.
   B: そうですか。あまり無理しないほうがいいですよ。 그래요? 너무 무리하지 않는 편이 좋겠어요.

Ⅲ

1 **A:** どうしたんですか。 왜 그래요?
   B: 会議に遅れちゃったんです。 회의에 늦고 말았어요.

2 **A:** どうしたんですか。
   B: 財布を忘れちゃったんです。 지갑을 잃어버렸어요.

3 **A:** どうしたんですか。
   B: 試験に落ちちゃったんです。 시험에 떨어지고 말았어요.

4 **A:** どうしたんですか。
   B: 赤字になっちゃったんです。 적자가 돼 버렸어요.

EXERCISE

1 薬を飲んでゆっくり休んだほうがいいです。

2 運転免許を取ったほうがいいです。

3 無理なダイエットはしないほうがいいです。

4 あまり期待しないほうがいいです。

5 重要な約束を忘れちゃいました[忘れてしまいました]。

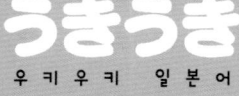

더욱 새로워진 단계별 종합 일본어 학습 프로그램

NEW うきうき 일본어 STEP 2
우키우키

강경자 지음 · 온즈카 치요 감수

Workbook

넥서스 JAPANESE

더욱 새로워진 단계별 종합 일본어 학습 프로그램

NEW うきうき 일본어 STEP 2
우 키 우 키

강경자 지음·온즈카 치요 감수

Workbook

넥서스 JAPANESE

LESSON 01 暇な時、何をしますか。
한가할 때 무엇을 합니까?

Step 1 필수 단어 익히기

食堂(しょくどう)	식당	死ぬ(し)	죽다
種類(しゅるい)	종류	遊ぶ(あそ)	놀다
映画(えいが)	영화	飲む(の)	마시다
暇だ(ひま)	한가하다	読む(よ)	읽다
嬉しい(うれ)	기쁘다	見る(み)	보다
会う(あ)	만나다	起きる(お)	일어나다
行く(い)	가다	食べる(た)	먹다
泳ぐ(およ)	헤엄치다	寝る(ね)	자다
話す(はな)	이야기하다	来る(く)	오다
待つ(ま)	기다리다	する	하다

제시된 단어를 예와 같이 일본어로 써 보세요.

예 종류 種類(しゅるい)

1 식당　　　2 기쁘다　　　3 가다

4 놀다　　　5 자다　　　6 영화

Step 2  핵심 문법 복습하기

❶ **동사의 ます형**

	I그룹 동사 (5단 동사)	う단 → い단 + ます
	II그룹 동사 (상하 1단 동사)	어간 + ます
	III그룹 동사 (불규칙 동사)	来る ➡ 来ます / する ➡ します

❷ **ます** ~(합)니다(동사의 정중형) / **ません** ~(하)지 않습니다(정중 부정형)

❸ **ました** ~(했)습니다(동사의 과거형) / **ませんでした** ~(하)지 않았습니다(과거 부정형)

❹ **조사**
　～を ~을/를 / ～と ~와/과 / ～へ ~에, ~로(방향)
　～で ~에서(장소), ~로(도구) / ～に ~에(위치, 시점), ~을/를(대상)

✏️ 빈칸에 알맞은 말을 넣어 보세요.

1　会う (만나다)　　_____ (만납니다)

2　行く (가다)　　_____ (갑니다)

3　話す (이야기하다)　　_____ (이야기합니다)

4　待つ (기다리다)　　_____ (기다립니다)

5　死ぬ (죽다)　　_____ (죽었습니다)

6　飲む (마시다)　　_____ (마셨습니다)

7　帰る (돌아가다)　　_____ (돌아갔습니다)

8　見る (보다)　　_____ (보지 않습니다)

9　食べる (먹다)　　_____ (먹지 않습니다)

10　来る (오다)　　_____ (오지 않았습니다)

Step 3　회화 연습하기

✏️ 빈칸에 알맞은 말을 넣어 보세요.

Ⅰ

1　A　学校に _____。（行く）
　　　　　　갑니까?
　　B　はい、_____。
　　　　　　　　　갑니다

2　A　コーヒーを _____。（飲む）
　　　　　　　　마십니까?
　　B　いいえ、_____。
　　　　　　　　　　마시지 않습니다

3　A　日本語で _____。（話す）
　　　　　　　이야기합니까?
　　B　はい、_____。
　　　　　　　　이야기합니다

4　A　朝早く _____。（起きる）
　　　　　　일어납니까?
　　B　いいえ、_____。
　　　　　　　　　일어나지 않습니다

Ⅱ

1　A　早く　家に _____。（帰る）
　　　　　　　　돌아갔습니까?
　　B　はい、_____。
　　　　　　　　돌아갔습니다

2　A　飲み屋へ _____。（行く）
　　　　　　　갔습니까?
　　B　いいえ、_____。
　　　　　　　　　가지 않았습니다

3　A　映画を _____。（見る）
　　　　　　봤습니까?
　　B　はい、_____。
　　　　　　　　봤습니다

4　A　デートを _____。（する）
　　　　　　　했습니까?
　　B　はい、_____。
　　　　　　　　했습니다

5　A　友達は _____。（来る）
　　　　　　왔습니까?
　　B　いいえ、_____。
　　　　　　　　　오지 않았습니다

LESSON 02 今度の週末に遊びに行きませんか。
이번 주말에 놀러 가지 않을래요?

 필수 단어 익히기

お茶 (ちゃ)	차	時間 (じかん)	시간
お酒 (さけ)	술	雰囲気 (ふんいき)	분위기
旅行 (りょこう)	여행	少し (すこし)	조금
散歩 (さんぽ)	산책	一生懸命 (いっしょうけんめい)	열심히
買い物 (かいもの)	쇼핑	新鮮だ (しんせんだ)	신선하다
品物 (しなもの)	물건	出発する (しゅっぱつする)	출발하다
週末 (しゅうまつ)	주말	気軽に (きがるに)	(마음) 가볍게
景色 (けしき)	경치	休む (やすむ)	쉬다
食事 (しょくじ)	식사	ドライブ	드라이브
頭 (あたま)	머리	スキー	스키

✏️ 제시된 단어를 예와 같이 일본어로 써 보세요.

예
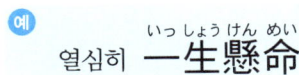

1 여행

2 산책

3 주말

4 출발

5 식사

6 경치

Step 2　핵심 문법 복습하기

① **목적 표현**　～に　～하러 (명사 + に / 동사의 ます형 + に)

② **나열 표현**　～し　～(하)고(나열)

③ **권유 표현**　～ませんか　～하지 않겠습니까?
　　　　　　　～に行きませんか　～하러 가지 않겠습니까?
　　　　　　　～ましょう　～합시다
　　　　　　　～ましょうか　～할까요?

✏️ 빈칸에 알맞은 말을 넣어 보세요.

1　食事_____ 行きます。
　　　　하러

2　_____ 来ます。
　　만나러

3　彼は ハンサムだ_____、頭も いいです。
　　　　　　　　　하고

4　ちょっと お茶でも _____。
　　　　　　　　　　　　마시지 않겠습니까?

5　一生懸命 _____。
　　　　　　　공부합시다

6　いっしょに _____。
　　　　　　　　놀까요?

Step 3 회화 연습하기

✏️ 빈칸에 알맞은 말을 넣어 보세요.

I

1. _____ 行きませんか。
   스키 타러

2. _____ 行きませんか。
   드라이브하러

3. _____ 行きませんか。
   영화를 보러

4. _____ 行きませんか。
   술을 마시러

5. _____ 行きませんか。
   수영하러(헤엄치러)

II

1. A 何か 飲みましょうか。
   B _____
   맥주를 마십시다(마시죠).

2. A 何か 食べましょうか。
   B _____
   초밥을 먹읍시다(먹죠).

3. A どこか ショッピングに 行きましょうか。
   B _____
   명동에 갑시다.

4. A どこか 遊びに 行きましょうか。
   B _____
   드림랜드에 갑시다.

LESSON 03

おいしい冷麺が食べたいです。
맛있는 냉면을 먹고 싶어요.

Step 1 · 필수 단어 익히기

お昼(ひる)	점심	美(うつく)しい	아름답다
定食(ていしょく)	정식	若(わか)い	젊다
久(ひさ)しぶりに	오랜만에	立派(りっぱ)だ	훌륭하다
結婚(けっこん)	결혼	別(わか)れる	헤어지다
社会人(しゃかいじん)	사회인	帰(かえ)る	돌아가다
恋人(こいびと)	애인	メニュー	메뉴
残業(ざんぎょう)	잔업, 야근	デザイナー	디자이너
就職(しゅうしょく)	취직	アクセサリー	액세서리
最新型(さいしんがた)	최신형	サングラス	선글라스

✏️ 제시된 단어를 예와 같이 일본어로 써 보세요.

예) 훌륭하다 立派(りっぱ)だ

1 결혼   2 애인   3 잔업

4 아름답다   5 돌아가다   6 점심

Step 2  핵심 문법 복습하기

> **① 희망 표현**
>
> ～たい　～(하)고 싶다 (동사의 ます형에 접속)
>
> ～たくない　～(하)고 싶지 않다
>
> ～が ほしい　～을/를 갖고 싶다
>
> ～に なりたい　～이/가 되고 싶다

✏️ 빈칸에 알맞은 말을 넣어 보세요.

1 日本へ ＿＿＿＿＿＿です。
일본에 가고 싶습니다.

2 ＿＿＿＿＿＿です。
결혼하고 싶습니다.

3 何も ＿＿＿＿＿＿＿です。
아무것도 먹고 싶지 않습니다.

4 かわいい 犬が ＿＿＿＿＿＿です。
귀여운 개를 갖고 싶습니다.

5 有名な デザイナーに ＿＿＿＿＿＿です。
유명한 디자이너가 되고 싶습니다.

Step 3 회화 연습하기

✏️ 빈칸에 알맞은 말을 넣어 보세요.

Ⅰ

1. A 日本語で 話したいですか。
   B はい、_____。
   　　　　일본어로 이야기하고 싶어요

2. A 友達と 遊びたいですか。
   B はい、_____。
   　　　　친구와 놀고 싶어요

3. A 早く 家に 帰りたいですか。
   B はい、_____。
   　　　　일찍 집에 돌아가고 싶어요

4. A 恋人と 別れたいですか。
   B いいえ、_____。
   　　　　애인과 헤어지고 싶지 않아요

5. A 残業したいですか。
   B いいえ、_____。
   　　　　잔업하고 싶지 않아요

Ⅱ

1. A 今 何が 一番 ほしいですか。
   B _____。
   　　가방을 가장 갖고 싶어요.

2. A 今 何が 一番 食べたいですか。
   B _____。
   　　라면을 가장 먹고 싶어요.

3. A 今 何が 一番 飲みたいですか。
   B _____。
   　　커피를 가장 마시고 싶어요.

4. A どこへ 一番 行きたいですか。
   B _____。
   　　오키나와에 가장 가고 싶어요.

LESSON 04 地下鉄駅まで歩いて行きます。

지하철역까지 걸어서 갑니다.

 **Step 1** 필수 단어 익히기

顔 (かお)	얼굴	書く (かく)	쓰다
手 (て)	손	聞く (きく)	듣다
声 (こえ)	목소리	始める (はじめる)	시작하다
住所 (じゅうしょ)	주소	教える (おしえる)	가르치다
窓 (まど)	창문	説明する (せつめいする)	설명하다
予約 (よやく)	예약	手伝う (てつだう)	돕다, 거들다
洗う (あらう)	씻다	乗り換える (のりかえる)	갈아타다
言う (いう)	말하다	降りる (おりる)	내리다
開ける (あける)	열다	歌を歌う (うたをうたう)	노래를 부르다
歩く (あるく)	걷다	踊りを踊る (おどりをおどる)	춤을 추다

 제시된 단어를 예와 같이 일본어로 써 보세요.

예 시작하다 始(はじ)める

1 얼굴   2 씻다   3 가르치다

4 설명하다   5 갈아타다   6 주소

Step 2 핵심 문법 복습하기

❶ 동사의 て형　～(하)고, ～(해)서

I그룹 동사 (5단 동사)	II그룹 동사 (상하 1단 동사)	III그룹 동사 (불규칙 동사)
く → いて / ぐ → いで (예외 行く → 行って) う, つ, る → って ぬ, ぶ, む → んで す → して	어간 + て	来る → 来て する → して

❷ ～てください　～해 주세요

❸ ～ながら　～하면서(동시 동작)　(동사의 ます형에 접속)

✏️ 빈칸에 알맞은 말을 넣어 보세요.

1　朝 _____ 顔を 洗います。
　　아침에 일어나서 얼굴을 씻습니다.

2　バスに _____ 会社へ 行きます。
　　버스를 타고 회사에 갑니다.

3　ここに 住所を _____。
　　여기에 주소를 써 주세요.

4　もう 一度 説明_____。
　　한 번 더 설명해 주세요.

5　音楽を _____ コーヒーを 飲みます。
　　음악을 들으면서 커피를 마십니다.

Step 3 회화 연습하기

✏️ 빈칸에 알맞은 말을 넣어 보세요.

I

1 A これから 何を しますか。
   B _____
   지하철을 타고 회사에 갑니다.

2 A これから 何を しますか。
   B _____
   커피를 마시고 일을 시작합니다.

3 A これから 何を しますか。
   B _____
   친구를 만나서 식사를 합니다.

4 A これから 何を しますか。
   B _____
   집에 돌아가서 샤워를 합니다.

5 A これから 何を しますか。
   B _____
   샤워를 하고 잡니다.

II

1 すみません。_____
   수업중이니까 조용히 해 주세요.

2 すみません。_____
   비싸니까 싸게 해 주세요.

3 すみません。_____
   바쁘니까 도와주세요.

4 すみません。_____
   모르니까 가르쳐 주세요.

5 すみません。_____
   잘 안 들리니까 큰 목소리로 말해 주세요.

LESSON 05

山田さんはアマゾンを知っていますか。
야마다 씨는 아마존을 아세요?

Step 1 필수 단어 익히기

雨(あめ)	비	座(すわ)る	앉다
雪(ゆき)	눈	習(なら)う	배우다
風(かぜ)	바람	入(はい)る	들어가다, 들어오다
教師(きょうし)	교사	立(た)つ	일어서다, 서다
商社(しょうしゃ)	상사	眼鏡(めがね)をかける	안경을 쓰다
病院(びょういん)	병원	帽子(ぼうし)をかぶる	모자를 쓰다
貿易会社(ぼうえきがいしゃ)	무역회사	スーツを着(き)る	정장을 입다
知(し)る	알다	ネクタイをしめる	넥타이를 매다
笑(わら)う	웃다	靴(くつ)をはく	구두를 신다
住(す)む	살다	スカートをはく	스커트를 입다

 제시된 단어를 예와 같이 일본어로 써 보세요.

예) 무역회사 貿易会社(ぼうえきがいしゃ)

1 비 2 교사 3 앉다

4 배우다 5 살다 6 들어가다

Step 2 핵심 문법 복습하기

① ～ています   ～(하)고 있습니다   (동사의 て형 + います)

  1. 현재 진행 동작
  2. 자세, 표정
  3. 옷차림, 착용
  4. 날씨, 사물의 상태
  5. 직업, 거주지

② ～ている + 명사 ～하고 있는

빈칸에 알맞은 말을 넣어 보세요.

1 レポートを _____ います。
   （쓰고）

2 雨が _____。
   （내리고 있습니다）

3 ソウルに _____。
   （살고 있습니다）

4 スーツを _____ 人が 山田さんです。
   （입고 있는）

5 _____ 人は 中村さんです。
   （책을 읽고 있는）

Step 3 회화 연습하기

✏️ 빈칸에 알맞은 말을 넣어 보세요.

Ⅰ A 今 何を していますか。

1 B 友達と _____。
　　　　　　　이야기하고 있습니다

2 B 歌を _____。
　　　　　　부르고 있습니다

3 B 本を _____。
　　　　　　읽고 있습니다

4 B 仕事を _____。
　　　　　　하고 있습니다

5 B デートを _____。
　　　　　　　하고 있습니다

Ⅱ 1 A 金さんは どの人ですか。
　　 B _____ 人です。
　　　　안경을 쓰고 있는

2 A 中村さんは どの人ですか。
　 B _____ 人です。
　　　미니스커트를 입고 있는

3 A 田中さんは どの人ですか。
　 B _____ 人です。
　　　모자를 쓰고 있는

4 A 吉田さんは どの人ですか。
　 B _____ 人です。
　　　주스를 마시고 있는

5 A 鈴木さんは どの人ですか。
　 B _____ 人です。
　　　웃고 있는

LESSON 06

妹さんは田中さんに似ていますか。
여동생은 다나카 씨를 닮았나요?

 **Step 1** 필수 단어 익히기

祖父(そふ)	(자신의) 할아버지	お祖父(じい)さん	할아버지
祖母(そぼ)	할머니	お祖母(ばあ)さん	할머니
父(ちち)	아버지	お父(とう)さん	아버지
母(はは)	어머니	お母(かあ)さん	어머니
兄(あに)	형, 오빠	お兄(にい)さん	형, 오빠
姉(あね)	누나, 언니	お姉(ねえ)さん	누나, 언니
妹(いもうと)	여동생	妹(いもうと)さん	여동생(분)
弟(おとうと)	남동생	弟(おとうと)さん	남동생(분)
息子(むすこ)	아들	兄弟(きょうだい)	형제
娘(むすめ)	딸	両親(りょうしん)	양친, 부모님

 제시된 단어를 예와 같이 일본어로 써 보세요.

예
남동생 弟(おとうと)

1 양친, 부모님

2 형제

3 아들

4 딸

5 여동생

6 누나, 언니

 **Step 2** 핵심 문법 복습하기

① 何人兄弟ですか 형제가 몇 명이에요?
② おいくつですか 몇 살이에요?
③ ～に 似て いる ～을/를 닮다
④ 結婚して いる 결혼한 상태

 빈칸에 알맞은 말을 넣어 보세요.

1 가족관계

	(자기 가족을 남에게 소개 할 때)	(남의 가족을 존칭)
할아버지	祖父	할아버님 _____。
할머니	_____	お祖母さん
아버지	父	아버님 _____。
어머니	_____	お母さん
형·오빠	兄	형님 _____。
누나·언니	_____	お姉さん
남동생	弟	남동생분 _____。
여동생	_____	妹さん

2 失礼ですけど、_____ですか。
　　　　　　　　　　　　몇 살

Step 3 회화 연습하기

✏️ 빈칸에 알맞은 말을 넣어 보세요.

I

1. A ご家族は 何人ですか。
   B _____私、3人 家族です。
   　　어머니와 아버지와

2. A ご家族は 何人ですか。
   B _____私、4人 家族です。
   　　아버지와 어머니와 남동생과

3. A ご家族は 何人ですか。
   B _____私、5人 家族です。
   　　할아버지와 할머니와 어머니와 형과

4. A 金さんは だれに 似ていますか。
   B _____に 似ています。
   　　아버지

5. A 中村さんは だれに 似ていますか。
   B _____ 似ていません。
   　　아무도

II

1. A 失礼ですが、お父さんは おいくつですか。
   B _____は 63歳です。
   　　아버지

2. A 失礼ですが、お兄さんは おいくつですか。
   B _____
   　　형은 34살입니다.

3. A 失礼ですが、弟さんは おいくつですか。
   B _____
   　　남동생은 27살입니다.

4. A 失礼ですが、妹さんは おいくつですか。
   B _____
   　　여동생은 20살입니다.

LESSON 07 日本に行ったことがありますか。

일본에 간 적이 있나요?

Step 1 필수 단어 익히기

自然(しぜん)	자연	出張(しゅっちょう)	출장
海産物(かいさんぶつ)	해산물	書類(しょるい)	서류
電車(でんしゃ)	전철	読書(どくしょ)	독서
船(ふね)	배	乗(の)る	타다
飛行機(ひこうき)	비행기	案内(あんない)する	안내하다
遅刻(ちこく)	지각	チャットする	채팅하다
小説(しょうせつ)	소설	カンニングする	커닝하다
入学(にゅうがく)	입학	入院(にゅういん)する	입원하다
試験(しけん)	시험	居眠(いねむ)りする	(앉아서) 깜빡 졸다
約束(やくそく)	약속	気(き)に入(い)る	마음에 들다

제시된 단어를 예와 같이 일본어로 써 보세요.

예) 온천 温泉(おんせん)

1 자연

2 지각

3 시험

4 서류

5 독서

6 비행기

Step 2 핵심 문법 복습하기

❶ 동사의 과거형 (た형) ~했다

I그룹 동사 (5단 동사)	II그룹 동사 (상하 1단 동사)	III그룹 동사 (불규칙 동사)
く → いた / ぐ → いだ (예외 行く → 行った) う, つ, る → った ぬ, ぶ, む → んだ す → した	어간 + た	来る → 来た する → した

❷ ~た ことが ある ~한 적이 있다(경험)

❸ ~んです ~이랍니다, ~이거든요(이유 설명, 강조)

❹ 형용사의 과거형 ~았(었)다

い형용사	어간 + かった
な형용사	어간 + だった

✏️ 빈칸에 알맞은 말을 넣어 보세요.

1 昨日 友達に _____。
   _{만났다}

2 一生懸命 _____。
   _{공부했다}

3 日本へ 出張に _____。
   _{간 적이 있습니다}

4 私の 大切な 人 _____。
   _{이랍니다}

5 ここは 本当に 交通が _____。
   _{편리하답니다}

Step 3 회화 연습하기

✎ 빈칸에 알맞은 말을 넣어 보세요.

Ⅰ 1 A 日本の ドラマを 見た ことが ありますか。
　　B はい、＿＿＿＿＿＿＿＿＿＿＿＿＿＿＿＿＿＿＿。
　　　　　본 적이 있어요

2 A 納豆を 食べた ことが ありますか。
　　B いいえ、＿＿＿＿＿＿＿＿＿＿＿＿＿＿＿＿＿＿。
　　　　　먹은 적이 없어요

3 A 病院に 入院した ことが ありますか。
　　B はい、＿＿＿＿＿＿＿＿＿＿＿＿＿＿＿＿＿＿＿。
　　　　　입원한 적이 있어요

4 A カンニングした ことが ありますか。
　　B いいえ、＿＿＿＿＿＿＿＿＿＿＿＿＿＿＿＿＿＿。
　　　　　커닝한 적이 없어요

5 A 電車の 中で 居眠りした ことが ありますか。
　　B はい、＿＿＿＿＿＿＿＿＿＿＿＿＿＿＿＿＿＿＿。
　　　　　존 적이 있어요

Ⅱ 1 A 飛行機に 乗った ことが ありますか。
　　B いいえ、飛行機に 乗った ことは ありませんが、
　　＿＿＿＿＿＿＿＿＿＿＿＿＿＿＿＿＿＿＿＿＿＿＿。
　　배를 탄 적은 있어요.

2 A 東京に 行った ことが ありますか。
　　B いいえ、東京に 行った ことは ありませんが、
　　＿＿＿＿＿＿＿＿＿＿＿＿＿＿＿＿＿＿＿＿＿＿＿。
　　오사카에 간 적은 있어요.

3 A 日本人と デートした ことが ありますか。
　　B いいえ、日本人と デートした ことは ありませんが、
　　＿＿＿＿＿＿＿＿＿＿＿＿＿＿＿＿＿＿＿＿＿＿＿。
　　인터넷에서 채팅한 적은 있어요.

4 A 焼酎を 飲んだ ことが ありますか。
　　B いいえ、焼酎を 飲んだ ことは ありませんが、
　　＿＿＿＿＿＿＿＿＿＿＿＿＿＿＿＿＿＿＿＿＿＿＿。
　　맥주를 마신 적은 있어요.

LESSON 08 あまり詳しく聞かないでください。
너무 자세하게 묻지 마세요.

Step 1 필수 단어 익히기

プレゼンテーション	프레젠테이션	幼稚園(ようちえん)	유치원
すばらしい	훌륭하다, 멋지다	小学校(しょうがっこう)	초등학교
時間(じかん)	시간	中学校(ちゅうがっこう)	중학교
かかる	걸리다	高校(こうこう)	고등학교
具体的(ぐたいてき)	구체적	大学(だいがく)	대학
禁煙室(きんえんしつ)	금연실	大学院(だいがくいん)	대학원
詳(くわ)しく	자세히, 상세히	タバコを吸(す)う	담배를 피우다
優(やさ)しい	상냥하다	写真(しゃしん)を撮(と)る	사진을 찍다
痛(いた)む	아프다	車(くるま)を止(と)める	차를 세우다
遅(おく)れる	늦다	無理(むり)する	무리하다

제시된 단어를 예와 같이 일본어로 써 보세요.

예) 금연실 禁煙室(きんえんしつ)

1 대학

2 금지

3 담임

4 상세히

5 무리하다

6 첫사랑

Step 2 핵심 문법 복습하기

❶ 동사의 부정형(ない형)

I그룹 동사 (5단 동사)	어미 う단 → あ단 + ない
	(예외 〜う → 〜わない)
II그룹 동사 (상하 1단 동사)	어간 + ない
III그룹 동사 (불규칙 동사)	来る ➡ 来ない / する ➡ しない

※ 각 품사의 부정형

명사	+ では[じゃ]ない	学生ではない
い형용사 어간	+ くない	おいしくない
な형용사 어간	+ では[じゃ]ない	有名ではない

❷ 〜ないでください　〜(하)지 마세요, 〜(하)지 말아 주세요

❸ 〜中ですから　〜중이니까

빈칸에 알맞은 말을 넣어 보세요.

1　明日は　学校に _____。
　　　　　　　　　　　　가지 않는다

2　お酒を _____。
　　　　　　마시지 마세요

3　約束を _____。
　　　　　　잊지 말아 주세요

4　真面目な　学生_____。
　　　　　　　　　　　　이었습니다

5　とても _____。
　　　　　　유명했습니다

Step 3 회화 연습하기

✏️ 빈칸에 알맞은 말을 넣어 보세요.

I

1 図書館ですから、＿＿＿＿＿＿＿＿＿＿＿＿＿＿。
   여기서 자지 말아 주세요

2 これは 秘密ですから、＿＿＿＿＿＿＿＿＿＿＿＿＿＿＿＿。
   다른 사람에게 이야기하지 마세요

3 授業中ですから、＿＿＿＿＿＿＿＿＿＿＿＿。
   장난치지 마세요

4 寒いですから、＿＿＿＿＿＿＿＿＿＿＿＿＿。
   창문을 열지 말아 주세요

5 たばこは よく ないですから、＿＿＿＿＿＿＿＿＿＿＿。
   피우지 마세요

II

1 ＿＿＿＿＿＿＿＿＿、スマホを 見ないで ください。
   식사 중이니까

2 ＿＿＿＿＿＿＿＿＿、いたずらを しないで ください。
   수업 중이니까

3 ＿＿＿＿＿＿＿＿＿、お酒を 飲まないで ください。
   운전 중이니까

4 ＿＿＿＿＿＿＿＿＿、雑談を しないで ください。
   회의 중이니까

5 ＿＿＿＿＿＿＿＿＿、ショッピングを しないで ください。
   업무 중이니까

LESSON 09 会社を辞めないほうがいいですよ。
회사를 그만두지 않는 편이 좋아요.

Step 1 필수 단어 익히기

毎日(まいにち)	매일	赤字(あかじ)	적자
給料(きゅうりょう)	월급, 급료	薬(くすり)	약
今晩(こんばん)	오늘 밤	熱(ねつ)	열
意見(いけん)	의견	お皿(さら)	접시
悩(なや)み	고민	運動(うんどう)	운동
財布(さいふ)	지갑	留学(りゅうがく)	유학
少(すく)ない	적다	期待(きたい)	기대
考(かんが)える	생각하다	お見舞(みま)い	병문안
思(おも)う	생각하다	疲(つか)れる	피곤하다
規則的(きそくてき)	규칙적	運転免許(うんてんめんきょ)を取(と)る	운전면허를 따다

제시된 단어를 예와 같이 일본어로 써 보세요.

예) 규칙적 規則的(きそくてき)

1 매일   2 급료   3 의견

4 유학   5 기대   6 병문안

Step 2 핵심 문법 복습하기

① 〜ないほうがいい　〜(하)지 않는 편이 좋다
　　　　　　　　　　(동사의 부정형(ない형) + ほうが いい)

② 〜と思います　〜라고 생각합니다

③ 〜たほうがいい　〜(하)는 편이 좋다
　　　　　　　　　(동사의 과거형(た형) + ほうが いい)

④ 〜てしまう[〜ちゃう]　〜(하)고 말다, 〜해 버리다
　　〜でしまう[〜じゃう]

빈칸에 알맞은 말을 넣어 보세요.

1　タバコは _____。
　　　　　　피우지 않는 편이 좋습니다

2　あまり　無理_____。
　　　　　　　　하지 않는 편이 좋습니다

3　毎日　こつこつ　勉強した　ほうが　いい_____。
　　　　　　　　　　　　　　　　　　　　　　고 생각합니다

4　朝早く _____。
　　　　　일어나는 편이 좋습니다

5　忘れて _____。
　　　　　말았습니다

Step 3 회화 연습하기

✏️ 빈칸에 알맞은 말을 넣어 보세요.

Ⅰ

1 A 留学に 行ったほうが いいですか。行かないほうが いいですか。
   B そうですね。＿＿＿＿＿＿＿＿＿＿＿＿＿と 思います。
   <유학 가는 편이 좋다>

2 A お酒を 飲んだほうが いいですか。飲まないほうが いいですか。
   B そうですね。＿＿＿＿＿＿＿＿＿＿＿＿＿と 思います。
   <술을 마시지 않는 편이 좋다>

3 A 熱が あるんですけど。
   B そうですか。＿＿＿＿＿＿＿＿＿＿＿＿＿＿＿＿＿＿
   <오늘은 운동을 쉬는 편이 좋겠어요.>

4 A 恋人と けんかしたんですけど。
   B そうですか。＿＿＿＿＿＿＿＿＿＿＿＿＿＿＿＿＿＿
   <화해하는 편이 좋겠어요.>

5 A 友達が 入院したんですけど。
   B そうですか。＿＿＿＿＿＿＿＿＿＿＿＿＿＿＿＿＿＿
   <빨리 병문안 가는 편이 좋겠어요.>

6 A 疲れて 何も したくないんですけど。
   B そうですか。＿＿＿＿＿＿＿＿＿＿＿＿＿＿＿＿＿＿
   <너무 무리하지 않는 편이 좋겠어요.>

Ⅱ

1 A どうしたんですか。
   B 会議に ＿＿＿＿＿＿＿＿＿＿＿＿。
   <늦어 버렸어요>

2 A どうしたんですか。
   B 財布を ＿＿＿＿＿＿＿＿＿＿＿＿。
   <잃어버렸어요>

3 A どうしたんですか。
   B 試験に ＿＿＿＿＿＿＿＿＿＿＿＿。
   <떨어지고 말았어요>

4 A どうしたんですか。
   B 赤字に ＿＿＿＿＿＿＿＿＿＿＿＿。
   <되고 말았어요>

정답

Lesson 01

step 1
1 食堂　2 嬉しい　3 行く
4 遊ぶ　5 寝る　6 映画

step 2
1 会います　2 行きます
3 話します　4 待ちます
5 死にました　6 飲みました
7 帰りました　8 見ません
9 食べません　10 来ませんでした

step 3
Ⅰ 1 行きますか / 行きます
　2 飲みますか / 飲みません
　3 話しますか / 話します
　4 起きますか / 起きません

Ⅱ 1 帰りましたか / 帰りました
　2 行きましたか / 行きませんでした
　3 見ましたか / 見ました
　4 しましたか / しました
　5 来ましたか / 来ませんでした

Lesson 02

step 1
1 旅行　2 散歩　3 週末
4 出発　5 食事　6 景色

step 2
1 に　2 会いに
3 し　4 飲みませんか
5 勉強しましょう　6 遊びましょうか

step 3
Ⅰ 1 スキーに
　2 ドライブに
　3 映画を 見に
　4 お酒を 飲みに
　5 泳ぎに

Ⅱ 1 ビールを 飲みましょう。
　2 おすしを 食べましょう。
　3 明洞へ 行きましょう。
　4 ドリームランドに 行きましょう。

Lesson 03

step 1
1 結婚　2 恋人　3 残業
4 美しい　5 帰る　6 お昼

step 2
1 行きたい　2 結婚したい
3 食べたくない　4 ほしい
5 なりたい

step 3
Ⅰ 1 日本語で 話したいです
　2 友達と 遊びたいです
　3 早く 家に 帰りたいです
　4 恋人と 別れたくないです
　5 残業したくないです

Ⅱ 1 かばんが 一番 ほしいです。
2 ラーメンが 一番 食べたいです。
3 コーヒーが 一番 飲みたいです。
4 沖縄へ 一番 行きたいです。

Lesson 04

step 1

1 顔　　2 洗う　　3 教える
4 説明する　　5 乗り換える　　6 住所

step 2

1 起きて
2 乗って
3 書いて ください
4 して ください
5 聞きながら

step 3

Ⅰ 1 地下鉄に 乗って 会社に 行きます。
2 コーヒーを 飲んで 仕事を 始めます。
3 友達に 会って 食事を します。
4 家に 帰って シャワーを 浴びます。
5 シャワーを 浴びて 寝ます。

Ⅱ 1 授業中ですから、静かに してください。
2 高いですから、安く してください。
3 忙しいですから、手伝って ください。
4 分からないですから、教えて ください。
5 よく 聞こえないですから、大きい 声で 言って ください。

Lesson 05

step 1

1 雨　　2 教師　　3 座る
4 習う　　5 住む　　6 入る

step 2

1 書いて
2 降って います
3 住んで います
4 着て いる
5 本を 読んで いる

step 3

Ⅰ 1 話して います
2 歌って います
3 読んで います
4 して います
5 して います

Ⅱ 1 眼鏡を かけて いる
2 ミニスカートを はいて いる
3 帽子を かぶって いる
4 ジュースを 飲んで いる
5 笑って いる

Lesson 06

step 1

1 両親　　2 兄弟　　3 息子
4 娘　　5 妹　　6 姉 / お姉さん

step 2

1 お祖父さん / 祖母 / お父さん / 母 /
お兄さん / 姉 / 弟さん / 妹

2 おいくつ

step 3

I
1. 母と父と
2. 父と母と弟と
3. 祖父と祖母と母と兄と
4. 父
5. だれにも

II
1. 父
2. 兄は 34 歳です。
3. 弟は 27 歳です。
4. 妹は 20 歳です。

Lesson 07

step 1

1. 欠席
2. 遅刻
3. 試験
4. 書類
5. 読書
6. 飛行機

step 2

1. 会った
2. 勉強した
3. 行った ことが あります
4. なんです
5. 便利なんです

step 3

I
1. 見た ことが あります
2. 食べた ことが ありません
3. 入院した ことが あります
4. カンニングした ことが ありません
5. 居眠りした ことが あります

II
1. 船に 乗った ことは あります。
2. 大阪に 行った ことは あります。
3. インターネットでチャットした ことは あります。
4. ビールを 飲んだ ことは あります。

Lesson 08

step 1

1. 大学
2. 禁止
3. 担任
4. 詳しく
5. 無理する
6. 初恋

step 2

1. 行かない
2. 飲まないで ください
3. 忘れないで ください。
4. でした
5. 有名でした

step 3

I
1. ここで 寝ないでください
2. 他の人に 話さないでください
3. いたずらを しないでください
4. 窓を 開けないでください
5. 吸わないでください

II
1. 食事中ですから
2. 授業中ですから
3. 運転中ですから
4. 会議中ですから
5. 仕事中ですから

Lesson 09

step 1

1. 毎日
2. 給料
3. 意見
4. 留学
5. 期待
6. お見舞い

📝 step 2

1 吸(す)わない ほうが いいです

2 しない ほうが いいです

3 と 思(おも)います

4 起(お)きた ほうが いいです

5 しまいました

💬 step 3

Ⅰ 1 留学(りゅうがく)に 行(い)った ほうが いい

2 (お酒(さけ)を)飲(の)まない ほうが いい

3 今日(きょう)は 運動(うんどう)を 休(やす)んだ ほうが いいですよ。

4 仲直(なかなお)りした ほうが いいですよ。

5 早(はや)く お見舞(みま)いに 行(い)った ほうが いいですよ。

6 あまり 無理(むり)しない ほうが いいですよ。

Ⅱ 1 遅(おく)れちゃったんです

2 忘(わす)れちゃったんです

3 落(お)ちちゃったんです

4 なっちゃったんです

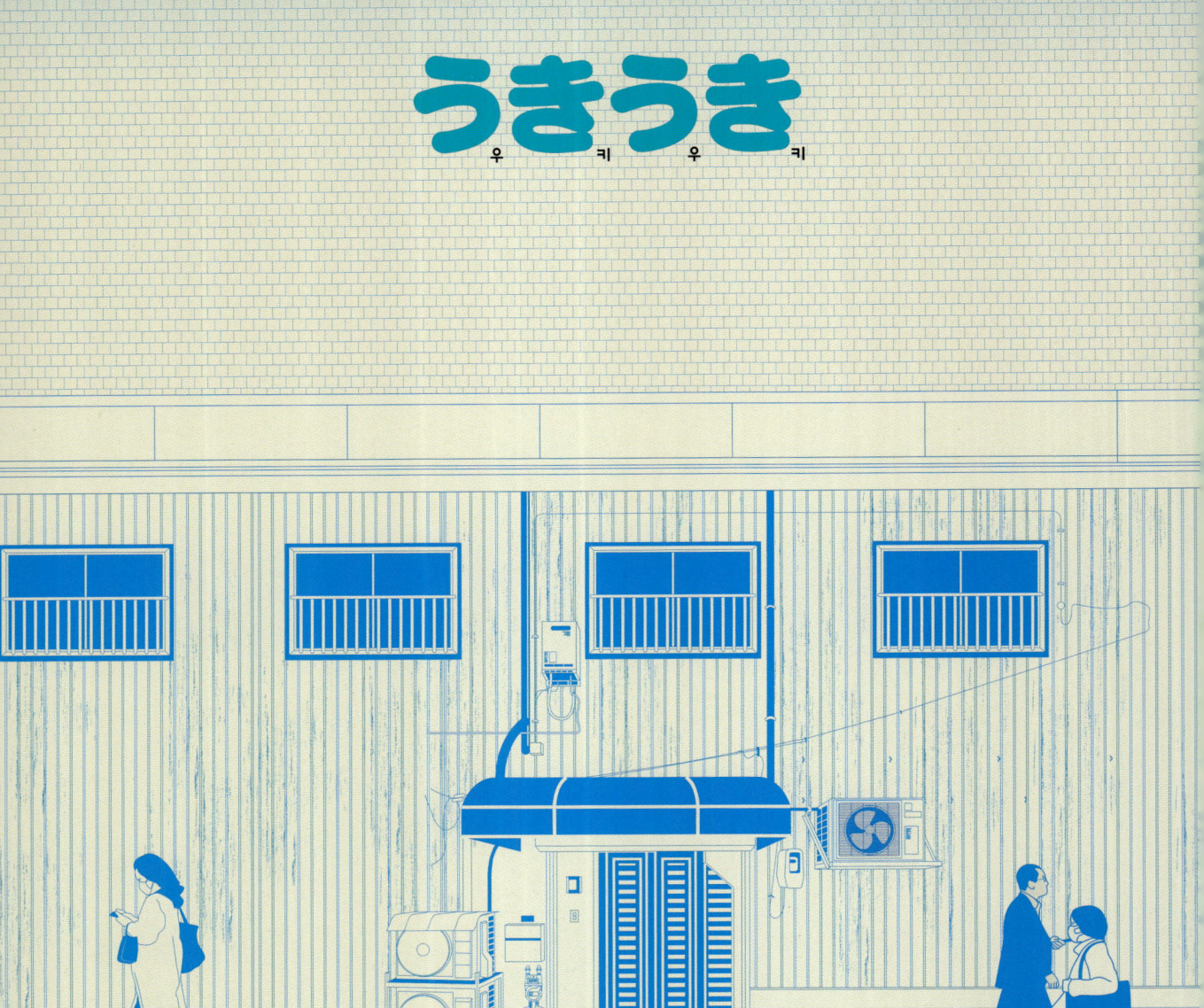